かすり傷も痛かった

死ぬこと以外かすり傷

幻冬舎編集者
箕輪厚介

幻冬舎

かすり傷も痛かった

死ぬこと以外かすり傷

本書は赤パートに
『死ぬこと以外かすり傷』（2018年マガジンハウスより刊行）を
全文収録しています。
白パートが今回それに対する反省と振り返りを書き下ろした
『かすり傷も痛かった』です。
まだ『死ぬこと以外かすり傷』を読んでいない方や
仕事に熱狂している方はまず赤パートを、
どこか疲れてしまったり、
熱狂するものを見失っている人は
白パートを読んでください。

目次

第3章
［個人の立たせ方］
名前を売ると叩かれる

第4章
［仕事のやり方］
手を止めて考えろ

第5章
［人間関係の作り方］
当たり前の生活をせよ

第6章
［生き方］
熱狂は気まぐれだ

はじめに

こっちの世界~~に来て~~では

革命~~が起こる~~。

は起こらない

はじめに

今、若者はチャンスだ。
これまでのルールとシステムが通用しなくなっている。
古い世代にはわけの分からない変化が今まさに起こり始めている。
ワクワクする未来が迫っている。この波に乗ろう。
自分たちの手で、世界の輪郭に触れ、自由で新しい秩序を作り直そう。
おっさんの言うことはすべて聞かなくていい。
その代わり、誰よりも動け。
語る前に手を動かせ。語りながらでもいいから手を動かせ。
能書きじゃなく数字やプロジェクトで示せ。
何をやりたいか、何をやっているか、明確に答えられる人間であれ。
狂え。生半可な人間が何も成し遂げられないのは、いつの時代も変わらない。
絶望を感じながら、それでも信じて走り抜け。
守るより、攻めろ。そのほうがきっと楽しい。
こっちの世界に来て、革命を起こそう。

編集者になって4年。ものすごい勢いで駆け抜けてきた。一瞬の爆発のような怒涛の日々だった。

双葉社、幻冬舎と二つの会社で編集者をやり、２０１７年は幻冬舎とNewsPicksがコラボしたビジネス書レーベル「NewsPicks Book」を立ち上げ、編集長になった。毎月1冊出すという地獄のような日々を過ごし、創刊1年で、累計１００万部という出版不況の今ではありえない数字を作ることができた。

SHOWROOM社長の前田裕二、メタップス社長の佐藤航陽《かつあき》などNewsPicks Bookの著者であるトップ起業家たちと本の出版以外の様々なビジネスを立ち上げたりしている。出版界を代表するヒットメーカーだとか最先端の編集者だとか紹介されることもある。

しかし、もともと僕は努力型でもエリート思考の持ち主でもない。
大学生時代は1秒も勉強していなかったと思う。
キャンパスで酒を飲みひたすら意味のない時間を過ごした。
昼間からあまりに飲んだくれて騒いでいたから、早稲田大学文学部キャンパスでお酒の販売が禁止になったのは僕のせいだという話もある。

双葉社に就職してからも雑誌の広告営業というユルい職場でダメサラリーマンの典型のような日々を過ごしていた。

暇だなあ、と思いながら、パソコンでヤフーニュースを眺め、適当に外の打ち合わせに出かけ、取引先と時間稼ぎのような無駄話をして、夕方には直帰して飲みに行く。どこにでもいるダメサラリーマン。いや、どこにもいないレベルでクズだった。何かが変わったのは、編集者という仕事をやるようになってからだ。

与沢翼《よざわつばさ》という男に引き寄せられ、広告部に所属しながら『ネオヒルズ・ジャパン』という雑誌の編集長になった。多くの修羅場やトラブルに襲われながらも、編集という仕事に熱狂し、アマゾン総合ランキングで1位を獲り、3万部を完売させた。その後、正式に編集部に異動し、何かに取り憑かれたかのように仕事をしてきた。

僕はよく「ここ数年で一気にブレイクした」と言われるが、それは編集者にハマったからだ。

そして、編集者という仕事自体が、今の時代に求められる能力を培うためにベストな職種だったからだと思う。

こっちの世界では革命は起こらない。

編集者は最強だと感じる3つの理由がある。

1つ目は「才能カクテルが飲み放題」だから。

編集者は、一生に一度会えば人生が激変するレベルの変人や天才たちと毎日のように会って、時にぶつかりながら本を作り、戦友のようになる。

読者には申し訳ないが、一冊の本を通して一番成長するのは間違いなく編集者だ。

読むより作るほうが、身体に著者のエッセンスが染み込むのだから当たり前かもしれない。

そうしてあらゆるジャンルで活躍している人たちの才能をカクテルして飲めるわけだから、こんな贅沢な仕事はない。

編集者自身が、本を作ることを通してずば抜けた成長ができる。僕は僕が作った本によって、できている。

相手の才能を吸収するつもりで仕事をする意識はどんな職業であっても大切だろう。

2つ目は、「ストーリーを作れる」ということ。

編集者の仕事を一言で言うと「ストーリーを作る」ということだ。

いまの時代、商品の機能や価格は大体似たり寄ったりだ。

これからは、その商品にどんなストーリーを乗っけるかが重要になる。

例えば、このTシャツは、どんなデザイナーが、どんな想いを持ってデザインしたのか、そこに込められたメッセージは何か。そういった消費者が心動かされるストーリーを作ることが、洋服でも家具でも食品でも必要になってくる。

実はそれは、編集者の一番得意なことなのだ。

これからはあらゆる業界で、ストーリーを作る編集者の能力がいきてくる。僕はお客さんが買いたいと思うようなストーリーを作ることで、アジア旅行で買った、タダでもいらないような大仏の置物を数万円で即売させることができる。

今、僕が本以外の様々なプロダクトのプロデュース業をやっているのも、この力を求められているからだと思う。

そして3つ目は「人の感情に対する嗅覚を磨ける」ということ。

「世の中の人が日々、何に涙し、何に悩み、何に歓喜しているのか」が肌感覚で分からなければ、売れる本なんて作れない。

最近はビッグデータを分析すれば売れる本のネタが分かる、みたいなことを言う人もいるが、そんなことで売れる本は生まれないと僕は思う。

マスにヒットするコンテンツというのは、突き詰めると特定の誰か一人に鮮烈に突き刺さるものだ。

30代の営業マン向けのビジネス書みたいに、ザックリとした小手先のマーケティングから作った本は売れない。

その営業マンはランチに何を食べるのか。唐揚げ定食なのか、コンビニ弁当なのか。特定の誰かを自分に憑依《ひょうい》させるかのごとく、そこまで徹底的に想像し、その一人の人生が変わるようなものを作る。

そういった超個人的に作ったものが、結果的にマスに広がっていく。

人が日々何を感じているか、ということへの嗅覚は、ストーリーを作る力と同様、

これからあらゆるサービス、プロダクトを作る上で重要になってくる。

編集者の根本は遊びのように仕事を、仕事のように遊びをやるということだ。

ただ熱狂し、狂う。自分の好きなものに情熱をもってひたすら入れ込む。

結局、本をヒットさせるのも、アプリをヒットさせるのも、ラーメン屋で行列を作るのも、自分自身の人生を乗っけて熱狂できるかどうかだ。

自分が読者として絶対に読みたいと思うものを作る。面白い、面白くないかの基準なんてないんだから、偏愛でいい。自分が「この原稿を世に出せたら編集者を辞めても良い」と思えるようなものを作る。まずはそこが大事。

その後に、その熱狂が独りよがりなものにならないように、人の感情を丁寧に想像し、自分以外の人にも伝わるようなストーリーに乗せていくのだ。

AIが発達して事務的で機械的で頭脳的なだけの仕事がロボットに置き換えられる時代において、予定調和や利害損得を破壊して、己の偏愛のためにいかに狂えるかが、人間の最後の武器になる。だから、〝あまりにも人間的〟なこのスタイルは、これからの時代に強い。

また僕は、２０１７年6月に「箕輪編集室」というオンラインサロンを開設した。

わずか1年で１３００名のメンバーが集まった。

ここはまさに時代の最先端で、若くて多様なメンバーがライティングやデザイン、動画制作、イベントプロデュース、コミュニティデザインなどをしている。

オンラインサロンとは主にインターネット上でやり取りするコミュニティだ。リアルな場所で会ったりもしながら、様々なプロジェクトを進めていく。

明治時代の私塾のようなイメージが近いかもしれない。同じ志を持った仲間たちが集い、語り合い、行動する。

オンラインサロンというのは会社とはまったく逆の発想で成り立っているから旧来の価値観でとらえようとすると難しい。

会社というのは給料を社員に支払う。

そうすると仕事に対するやる気がなくても、家族がいたりローンがあったりして、辞めないで会社にしがみつく。

毎月25日に振り込まれる給料をもらうために、我慢してでも会社にいるようになる。給料が変わらないのに仕事だけが増えると、損をしたような気持ちになる。

しかし、オンラインサロンはお金の流れが逆だ。メンバーはオーナーである僕にお金を払って働いている。箕輪編集室は毎月５９４０円。

お金を払って僕が作る本のプロモーションや書店に展開するパネルのデザインをし

こっちの世界では革命は起こらない。

たりしている。最近では書店（箕輪書店）やゲストハウス（みの邸）を作ったりもしている。

お金を払って働くという行為は、通常の労働と逆の構造のため傍から見るとまるで理解できない。だからよく信者ビジネスだとか、宗教だとか、揶揄される。

しかし、これからはオンラインサロン的な働き方が主流になっていくと確信している。

彼らはオンラインサロンで、「お金」を得るために働いていない。

「楽しい」とか「面白い」とかいうやりがいのために動いている。

お金や物質を得ることよりも、高次な欲望を満たすために働いているのだ。若い世代はどれほど給料が高くてもやりたくない仕事はやりたくないが、楽しい仕事はお金を払ってでもやりたいという価値観を持っている。もはや、遊びと仕事の区別はない。

世は「働き方改革」。

多くの企業では、徹夜して働きたくても、強制的に休まされる。

「クオリティにこだわりたくても、自分の能力をあげたくても、休めと言われて働けないのがつらい」とテレビ局や広告代理店の人からよく聞く。

もちろん過労死などは問題だが、好きで仕事をすることすら制限されてしまう世の中はすこしおかしい。

がむしゃらに猛烈に夢中になって初めて触れられる世界の真実がある。

オンラインサロンはメンバーを雇用しているわけではないから「働き方改革」とは

無縁だ。お金を払って好きで働いているから労働時間など関係ない。

夜も休みもなく、みんな目をキラキラさせながら動き続ける。もしオンラインサロンを辞めたくなったらお金を払わなくなって勝手に辞める。会社のように、辞めたくても給料をもらうためにしがみつく人はいない。だから残っているメンバーは常にモチベーションが高く、前向きだ。

テレビ局員が労働時間を守って映像のクオリティに妥協せざるを得なくなっていく中、箕輪編集室の動画チームが作る映像がテレビのクオリティを追い抜く日は近い。デザインチームが広告代理店よりかっこいいクリエイティブを作り、ライターチームが出版社より面白いコンテンツを作る未来もすぐそこだ。いや、もうすでにそうなってきている。

20代中心の彼らは恐ろしいスピードで進化している。

箕輪編集室はまだ立ち上げて1年だが、今ではNewsPicksから記事や動画の作成依頼が来たり、ＺＯＺＯからプロモーション依頼が来たりしている。

次々に日本のトップ企業とのプロジェクトが始まっている。上が詰まっている企業では若手にチャンスがなかなか来ない。大企業のサラリーマンが年功序列的な順番待ちをしている間に、箕輪編集室では高校生でも大学生でも、どんどん手を動かして成長していく。そして自分をブランド化して、個人として活躍する力を得ていく。ここはいま、日本で一番熱い私塾になっている。

こっちの世界では革命は起こらない。

僕はこのオンラインサロンの収益が月７００万近くあり、他にプロデュースやコンサルを10件以上やっている。副業の収益は会社の月給の20倍以上ある。「会社を辞めないんですか？」と聞かれることも多いが、会社員であるということは実はとてもおいしい。会社員であることのメリットを生かさない手はない。

副業解禁が話題だが副業とは本来、会社でずば抜けた結果を出して、名前が立って、それによって個人として仕事を受け、大金を稼ぐことにならなければ意味がない。休みの日に牛丼屋でバイトするなど本末転倒だ。貴重な人生の時間をお金と交換しているだけだ。副業解禁時代に活躍したければ、会社というフィールドを使って、外で稼ぐための個人ブランドを打ち立てないといけない。

都合のいいことに会社員はノーリスクでギャンブルができる。会社の金と人とインフラを使い、ビッグプロジェクトにフルスイングできる。たとえ失敗しても自分の財産は1円も奪われない。サラリーマンもまたエキサイティングで最強な仕事なのだ。

会社の中で実績を作り、会社の外で給料の何十倍も稼ぐというスタイルはまだ珍しいが、これからは続々と出て来ると思う。今のうちに、この新しい働き方をインストールしておくといいかもしれない。

本書には僕の頭の中、行動原理を全て書いた。

第1章は「考え方」。常に「こんなものだろう」という予定調和を壊しに行かなくてはおもしろいこと、新しいことはできない。ロジックから感動は生まれない。

第2章は「商売のやり方」。サラリーマン脳を捨て自分の手で稼ぐ力を持たないと、これからの時代にあまりに不安定だ。その方法を書いた。

第3章は「個人の立たせ方」。自分というブランドをいかに打ち立てるかが、個人の時代では重要なテーマになる。

第4章は「仕事のやり方」。ごちゃごちゃ言う前に、とにかく動く。スピードと量で圧倒する。変化の時代には、とにかく動く人間が勝つ。

第5章は「人間関係の作り方」。デジタルの時代こそ丸裸になって本物の関係を作れる人間の価値は増す。

第6章は「生き方」について。ロボットが人間の大半の仕事を代替するようになると、我々人間は自分の内的欲望に忠実に、何かに入れ込んで、ただ熱狂する時間ができる。むしろ、そうやってしか人間が生み出すべき価値は作れなくなる。いかにして熱狂にまみれて生きるかを考えた。

編集者として、サラリーマンとして、僕のスタイルは一般的ではない。異常だし、狂っているように見えるかもしれない。

しかし、今の時代に狂っているということは、狂っても間違ってもいないという何よりの証拠だ。新しい時代はいつだって狂っている人間が作っていて、その未来が現実になってから、初めて理解される。しかし、それでは遅い。

若い人はお金のために働くことはなくなり、過去をロジカルに分析しても、マス広告を打っても、世の中を動かせなくなった。すべてのルールが変わる中で強いのは、新しいことを受け入れ、変化を楽しめる人間だ。これからをどう生きるか、この本で一緒に考えていきたい。

日本も、僕のいる出版業界も、閉塞感が漂っていて、終わっていく感じがあるけれど、僕の周りは盛り上がっている。ポジティブな未来がはっきり見える。そして何よりも楽しい。

早くこっちにくるといい。こっち側で間違いない。

ルールは変わる。経験は邪魔だ。無知でいい。ごちゃごちゃ考える前に、動け。

この本がこれから生きる若い人の武器になったら、嬉しい。

箕輪厚介

成長することこそが自分の存在証明であり、成功するために努力は惜しまない。

眠い、苦しい、忙しい。

常人には耐えられないようなハードシングスを乗り越える。あらゆるリスクやトラブルは折り込み済みで、向かい風と返り血こそが存在証明だ。

自分が間違っていると疑うことは一度もなく、自分を信じて、走り続けた。

万能感が全身を包み込み、何者かになりたい若者がたくさん集まってきた。

『死ぬこと以外かすり傷』を出してから5年。あの頃の勢いは、もうない。

新人編集者となり、埼玉県の小手指駅から満員電車に揺られて通勤し、朝から晩まで仕事をした。それでもお金は貯まらず、アコムやプロミスからの借金返済の電話を無視しながら、氷結のストロングを流し込む。

このままでは、満足なお金も時間も持てず、会社と家庭の往復で人生を終える。それが普通だと言われても、自分はそんな人生を受け入れたくない。

破産覚悟で東京の賃貸マンションに引っ越し、一心不乱に働いた。

幻冬舎の編集者としてヒットを連発した。その実績をフックにオンラインサロン開設やメディア出演をし、世界は一気に変わっていった。

寝ているのか起きているのか、酔ってるのかシラフなのか。あらゆる境界が曖昧なまま、ものすごいスピードで一日が過ぎていく。

朝のテレビに出て、ＣＭ中に本のタイトルを考え、終わり次第講演会に向かう。漫画みたいな人生に興奮しながら、お金も影響力も自分なりには手に入れた。

その途上、文春砲を喰らい多くを失った。

急に時間ができ、朝から晩まで焚き火をした。焚き火をしながら、早送りで進んできた数年間を、ゆっくりと巻き戻して見直した。

成長、成功を目指してとにかく頑張った。競争に勝つために身近な人にも家族にもかなり迷惑をかけていたと思う。

それは何かを成し遂げるための必要悪だと自分に言い聞かせていた。いや、自分に言い聞かせていたというより、当たり前だろと思っていた。周りの多くの成功者はいろんな犠牲の上に成立している。それが武勇伝となりブランドをつくる。

成長と成功を求め、色々なものを犠牲にして走り続け、果たして幸せになったか。

実は間違いなく、あの時よりも幸せにはなった。

お金もなく、時間もない、あの日々は本当につらかった。

池袋駅はなぜだかみんな人にぶつかるように歩いてくる。その池袋駅から西武池袋線の終電に乗り、降りるはずの小手指駅を寝過ごして埼玉の奥地、飯能駅で目を覚ます。絶望のまま駅から出ると真っ暗のロータリーにタクシーは一台もいない。

コンビニがポツンと一軒だけある。スマホの充電も切れかかり、充電器を買おうか、氷結を買おうか財布と相談する。氷結をあきらめスマホを充電し、その絶望をツイートしても、フォロワーのいない当時の自分には誰からの反応もない。

もう、あの時には戻りたくない。お金があっても幸せにはならないというのは、貧乏人を騙す嘘だ。僕はそんなキレイ事は言いたくない。焚き火をしながら、物思いに耽けることができるのも、多少のお金があるからだ。

ただ一方で、競争し続けた先に何があるのかというのが分からなくなっていたことも事実だ。僕には先々のビジョンや、世界に残したいものがあったわけではない。とにかく目の前のことに熱狂し、どこにたどり着くかもわからず、ただ短距離走を繰り返していた。それが自分の性格にもあっていた。

でもどこかで、なんでやってるの？　いつまで続けるの？　という思いがあった。

ある晩「いつか割れると分かっている風船に必死に空気を入れている気分」というツイートを無意識にしていて、友達に「大丈夫？」と心配されたこともある。

自分が仕事で何かを成し遂げたわけでもないのに、世の中のニュースを解説する。

自分も人間として終わっているのに、世の中の不祥事に苦言を呈する。

最初は、それがコントとして面白いと思っていたが、ある時から日常になり、自分とは若干違う、それらしい虚像が作り出される。

その虚像は大きくなり続け、多分これはどこかで破裂するだろうなと思いながら、もう自分の意思で止めることはできない。

編集者としてもビジネスマンとしても、中途半端な状態で壇上に上げられ、下りられなくなっていることを、酒を流し込むことで見ないようにしていた。

文春砲で、多くの仕事が一気になくなったけれど、実際はその前から、終わりが始まっていたのだと思う。

この本は『死ぬこと以外かすり傷』に対する反省と振り返りのアンサーソングだ。多分、出版史上初の試みで、『死ぬこと以外かすり傷』の内容もすべて収録し、その返歌として同じ分量の文章を書き足している。

僕は『死ぬこと以外かすり傷』を恥ずかしくて直視できない。今の僕には当時の文章はあまりにも強い。なぜ、あのとき嫌われていたか、今となってはそれなりに理解できる。かといって、成長や成功を求めることや「意識高い系」を否定するのも安易だと思っている。

たしかに、今の時代には「成長なんて必要ない」「ありのままでいい」と優しく投げかけたほうがウケる。

でも騙されてはいけない。それは、あなたを安心させるだけで救ってはくれない。『死ぬこと以外かすり傷』は仕事論としては、間違っていないと思っている。だから全文収録した。でも、それが幸せとずっと比例するかは別だという話だ。

つまり、『死ぬこと以外かすり傷』は仕事論で『かすり傷も痛かった』は人生論だと思ってほしい。

これから仕事を頑張るぞという鼻息荒い若者は『死ぬこと以外かすり傷』（赤パー

ト）を読んで仕事に狂ってほしい。

でも、その途中で何かに絶望したり、調子に乗り過ぎて文春砲を喰らったりしたら、『かすり傷も痛かった』（白パート）があなたに寄り添ってくれるはずだ。

人生は長い。僕と同じように仕事を頑張っていた人で、心がポキッと折れてしまった人も、少なくない。割と当たり前にある。

僕自身、異様な躁《そう》状態で仕事に狂っていた時に、病気ではないかと周りから心配されていたらしい。

人生の中で、一心不乱に頑張るときもあれば、すこし休むときもあって良いのだと思う。

ブレながら、矛盾しながら、みっともなくても生きていく。

『死ぬこと以外かすり傷』は結論を言い切っていて気持ちがいいが、『かすり傷も痛かった』は結論もなく曖昧なまま書いている。

仕事と違って、人生には答えがない。競争から迷走に変わった僕の人生が、あなたの人生とどこかで交われば、嬉しい。

2023年8月28日　箕輪厚介

第1章

[考え方]

予定調和を破壊~~せよ~~するな

第1章
［**考え方**］

予定調和を破壊するな

予定調和は悪だ。段取りどおり仕事をしても過去の何かの焼き直しのようなものしか作ることはできない。ギリギリを歩き、カオスに飛び込め。新しいものは、そこからしか生まれない。

はすべて

トラブルは

身を投げろ

から出た錆

第1章
［考え方］
予定調和を破壊するな

新しいものを生み出したければ、予定調和や合理性というものからあえて離れて、自らトラブルに突っ込んでいかなくてはならない。

編集者として必要なその片鱗は、高校生時代からすでにあった。

僕は、高2のときに『深夜特急』に熱中し、すぐさま沢木耕太郎の講演会に駆けつけバックパックにサインしてもらった。そして早速イタリアとスペインへ一人旅に出かけた。

スペイン滞在中、マドリードで列車爆破テロが起こった。旅行会社から生存確認のレターが届き、街は騒然としていた。状況が分からない非日常な雰囲気に胸騒ぎを覚えた。でも次第に海外一人旅にも慣れ、「あれ、『深夜特急』っぽくなく、普通に終わっちゃったな……」とどこか物足りなさを覚えていた。

しかし帰国直前のミラノ空港で、事件は起きた。日本行きのフライト直前に、パスポートを紛失したのだ。乗るはずの飛行機は飛び立ち、英語はまったくしゃべれない。当時はスマホもＬＩＮＥもグーグルもない。その瞬間、最悪な不安に襲われる中で、アドレナリンが噴き出す音がたしかに聴こえた。そこから本当の旅が始まったのだ。

まずは、日本人の空港職員をつかまえて「高校生なんですけど、パスポートをなくして帰れなくて」と声をかけた。警察に盗難届を出すようアドバイスを受けた。ところが警官を前にして盗難届を書こうとしても「I lost passport! あれ、『なくした』の過去形ってこれで合ってるのかな」という低レベルぶりだ。英作文は苦手だった。

「テロの影響で警備員がたくさんいるから、今は空港が一番安全だ。パスポートを再発行してもらえるまで空港のイスで寝泊まりしなさい」というアドバイスに従い、僕は映画『ターミナル』のトム・ハンクスのように空港ホームレスと化した。

当時は春休みで空港には日本人がウジャウジャいた。「高校生なんですけど、パスポートもオカネもなくて困ってるんです」。恐る恐る声をかけると、「なぜ高校生が一人でいるんだ」と驚きながら、日本人観光客はおもしろいほど小銭を恵んでくれた。次第に声をかけることに抵抗もなくなった。もはやこのビジネスモデルで裕福に暮らしていけるとすら思った。

こうして集めた種銭を使って空港内のマックでビッグマックを買って食べた。バスや電車を乗り継いで領事館に辿《たど》り着き、証明写真を作って「渡航書」という臨時パスポートを発行してもらった。そして日本へと無事帰還することができたのだ。

段取りどおり進む予定調和には、何の魅力も感じない。あっさりと終わりかけていた初の海外一人旅は、パスポートをなくした瞬間から、自分の物語になっていった。

大学時代に出かけたインドでも、僕は混乱の中にいた。土産物屋を装った店に巧妙な手口で誘い込まれ、「宝石を買わないとここから出さないからな」と小部屋に監禁されてしまったのだ。気が遠くなるほど暑い部屋で、「コーラを飲め」と言われた。「見知らぬ人に渡されるドリンクには睡眠薬が混ざっている」と『地球の歩き方──インド』には書いてあった。「飲め」「飲まない」を何度も繰り返し、いったい何時間軟禁されていただろうか。「このままだとマジで殺されるかもしれない」。そいつを必死で押し倒し、全力で脱走した。今思えば相手の体は痩せっぽちで最初から力づくで脱出すればよかった気もする。しかし当時は足をガクガク震わせながら、命からがら逃げだした。

しかし、そこで思ったのは「今すぐネットカフェを探してミクシィ日記を書かなきゃ」。こんなおもしろい体験をしたのだ。一刻も早く旅行記を書き殴り、日本の友人たちに読ませたい。下手すれば殺されていたかもしれないのに、僕の脳内は「この体験を誰かに伝えたい」という衝動で疼《うず》いていた。恐怖より高揚感が勝っていた。

失敗やトラブルに前のめりで突っ込みたい。冷や汗と摩擦、恐怖や絶望をエンタメに昇華したい。脳内にアドレナリンが噴き出し、誰かに伝えたくてたまらない。

編集者などという仕事は善悪や倫理など関係ない。自分の偏愛や熱狂が抑えきれなくなって、ほとばしって漏れ出したものが作品に乗って世に届くのだ。

予定調和にロジカルに考えても計算通りのものしか生まれない。無難に生きても何も起こらない。誰かが作った道を踏み外す。カオスにこそ、まだ見ぬ景色があるのだ。あらゆる事故やトラブルに自ら身を投げろ。

痛い目にあっても変われないのが人間だ。文春砲を喰らってから、いかに週刊誌のネタにされないか。それだけを考えて、慎《つつ》ましく生きていた。トラブルに身を投げろと言っていた僕はすっかり鳴りを潜め、真人間に映るように心がけていた。

飲みに行く時には自分で作った「SUNTORY」と大きく書いてあるTシャツを着ていた。雑誌の広告営業の経験から、週刊誌は大手クライアントに配慮するかもしれないと思ったからだ。

「あいつSUNTORYのTシャツ着てるから写真載せづらいな」と週刊誌が思うかもしれない。

どこまで有効か分からないが、リスクは1%でも下げておきたい。お守りのようにナショナルクライアントの社名を身にまとう。これが僕のガバナンスで僕の生存戦略だった。

しかし日が経つにつれ、そんな緊張感もみるみる薄れてくる。

坂口安吾が『堕落論』のなかで「堕落」とは元の状態に戻ることと書いているらしい。「もうテレビにも出てないし私人なんだから堕落したっていいだろう」。僕はみるみるうちに、本来の状態に戻ってしまった。

そんな折、突如としてこの国に出現したガーシー。どこに行ってもガーシーの話題で持ちきりだった。

ホワイトボードを背に「きっちりめくっていきます」と怒鳴るガーシー。

僕は恐怖に打ち震えた。『週刊文春』がボンビーだとしたら、ガーシーはキングボンビーだ。無慈悲に、雑な証拠で攻撃対象を破壊する。

絶対にこっちにだけは来るな。「俺のことを認識するな」何度も何度も強く願った。

なのに何故かツイッターでフォローされてしまった。

ある日、ガーシーが「Twitter スペース」をしていた。近づいてはいけないのはわかっている。

しかし編集者としては気になってしまう。ガーシーの本を出して世間を騒がせたい。

僕はハイボールのロング缶を一気飲みしスマホを開き、気づいたらガーシーとトークをしてしまっていた。

恐る恐る聞いた。「僕、なぜかフォローされているのですが何かネタあるんですか?」「いや、ないで! 普通に気になってたからフォローしてただけやで」

僕は胸を撫で下ろし、その場で本のオファーをした。

その後ガーシーは逮捕され、僕もまた批判にさらされた。僕を避けるようになった人もいるだろうし、警察から事情聴取される可能性もあったと思う。イチ会社員としては越えてはいけない線を越えていた気がする。

トラブルはすべて身から出た錆だ。冷静に見てみると自分が種を蒔《ま》いている。自分の性格や勘違いが問題を引き起こす。そしてそれを分かっていても、人間なかなか変われない。

バカなことに

は

フルスイングせよ

バントくらいに

第1章
［**考え方**］
予定調和を破壊するな

秒速で1億稼ぐ「ネオヒルズ族」与沢翼。あるとき一世を風靡《ふうび》した成金だ。

与沢の存在はテレビで知った。六本木ヒルズで暮らし、ロールスロイス・ファントムやフェラーリを乗り回す彼を見た瞬間「これはおもしろいやつがいる」と独特の匂いを嗅ぎ取った。双葉社という出版社で雑誌の広告営業をしていた当時の僕は、すぐさま与沢とのアポイントを取った。「3000万円いただけたら、イケてる雑誌を作りますよ」と口からデマカセを言ってみたところ、さすがは与沢翼。即決した。

3000万円もの製作費をぶんどってきた僕は意気揚々と会社に戻った。「よくやった！」という賞賛の言葉を掛けられるとばかり思っていたのだが、会社からは「そんな危ない金持ってくるな」と怒られてしまった。与沢翼で検索すると「詐欺師」「元犯罪者」などという情報が無限に出てくるのだから、当然なのかもしれない。

僕はただちに与沢翼という人物がどれだけ魅力にあふれているかをブログに書き綴りプリントアウトし、社長のデスクの上に置いておいた。今考えると狂気の沙汰だが、社長の心は動いた。「もういい。お前がそんなにやりたいならやれよ」とゴーサインが出た。ところが今度は、社内の編集者が誰もやりたがらなかった。もう自分でやるしかない。広告営業の仕事しかしたことがなかった僕には、メールに書かれている編集用語もいちいち調べないと理解できなかった。

「表紙は誰に撮影してもらおう。レスリー・キーしかいねえな」

レスリーの名前を出すと、社内の人間からは「こんなバカげた企画でレスリーにオファーを出すこと自体、会社として恥ずかしいからやめてほしい」と反対された。こっそりレスリーの事務所に電話をかけると、「ウチもレスリーにしかできない仕事をやらせたいんで」と意外なことに快諾された。

ところが企画は順風満帆ではなかった。撮影前日になって先方の社長から「『与沢は絶対撮らない』とレスリーが言っている」という電話がかかってきたのだ。「『彼を撮ったら、自分が今まで築き上げてきたキャリアが全部壊れてしまう』」と言っているそうなのだ。「いや、こっちだって、あっさり快諾されて驚いていたんだ」と思ったが、ここで引き下がるわけにはいかない。数十人のスタッフが動いている。未経験かつ最年少で編集長を務める僕にスタッフが付いてきてくれているのはレスリーが撮るという確約があったからだ。頓挫したら僕は大ホラ吹きになり、雑誌は空中分解する。冷や汗が流れるのを感じながら、心の中ではどこか興奮し始めていた。

どうにかレスリーを説得するチャンスを得た。こう言った。賭けだった。「与沢にとって1円稼ぐことは、アスリートが0・1秒記録を縮めるのと同じなんだ。善悪ではなく自分の欲望を追求する。レスリーさんが写真にかけてるものと同じじゃないですか。あなたにしか撮れない」

モザイクなしの男性ヌードを展示して逮捕された経験もあるレスリーは言った「与沢翼は怪しいけど、僕も怪しい外人だ。いい写真を撮ろう」。

こうして幾多の困難を突破して『ネオヒルズ・ジャパン』は完成した。最初は笑っていたり、半信半疑だったスタッフも最後は一致団結し、異様な熱気を放っていた。ところが発売日当日、また予想だにせぬ修羅場が襲う。「与沢が専属運転手への暴行容疑で書類送検」という速報が流れたのだ。

「与沢翼書類送検。編集長を務める雑誌は創刊日に廃刊へ」という記事が次から次にネットに上がり、テレビにも取り上げられ始めた。終わった。雑誌が回収になるのではないかという最悪の結末が頭をよぎった。ここで逃げ出したら本当に終わってしまう。僕は勇気を振り絞って、自ら社長室の扉を開けて「これはプロモーションなんです」とハッタリをかました。「やるなあ、お前！　でもあまり恐ろしいことしないでくれよ」と社長に言われた。さすがに警察を動かすプロモーションなどできるわけはない。社長はアホのフリをしてくれたのかもしれない。しかし『ネオヒルズ・ジャパン』は結果的に3万部が完売。今では伝説の雑誌となり、定価の3倍以上で取引されている。ハッキリ言って悪ふざけのバカ企画だった。しかし全力でやりきった。思いっきりバットを振れば、熱狂は伝播《でんぱ》する。バカにして笑ってた人たちも次第に巻き込まれていく。無難にやっていたら人はついてこない。人は危うさに魅せられる。地面に頭から突っ込む。咄嗟《とっさ》に足が出る。その繰り返しで駆け抜けるしかない。

文春砲を受けるまで、僕は糸が切れた凧《たこ》のようにふわふわしていた。人間、一度火がつくと、ワケのわからないオファーが殺到する。しかも僕は基本的にすべて受けるのでさらに予想もしない方向の仕事がくる。

ツイッターで水道橋博士と言い合いをしていると、ホリエモンから焚きつけられてボクシングで対決することになった。ブレイキングダウンが流行るだいぶ前から僕はリングに上がっていた。

２０１９年４月には、「箕輪★狂介」という名前で歌手デビューし、新人演歌歌手のように地方のショッピングセンターを回った。

BE:FIRSTのプロデューサーSKY-HIがプロデュースしたにもかかわらず全く人気に火はつかず、印税はわずか４００円しか入ってこなかった。

鈴木おさむさんが脚本を書いたAbemaTVドラマ『奪い愛、夏』で俳優デビューも果たした。大女優水野美紀さんとの演技だったが僕のセリフが下手すぎて、困惑した視聴者のコメントで配信が荒れた。

編集者の仕事、出版の仕事なんて横に置き、本業と副業が逆転して僕の人生はどんどんムチャクチャになっていった。

自分は何をしてるんだろうと思わなかったこともない。ただ僕は人生なんて１００年の思い出作りだと思っている。あの世からこの世に、修学旅行をしに来ただけ。１００年後には同級生は誰もいない。だからとにかく行きたい場所に行って、見たいものを見て、やりたいことをやって、好き放題して帰るだけ。そう思っていた。

ただ、バカなこととの興奮や快楽はそういつまでも続かない。

鰻重の山椒やカレーライスのらっきょうは薬味として少し添えるもので、量を間違えてしまうとすべてが台無しになる。僕はテレビ出演、歌手活動、ボクシングの練習の合間に本の編集をやるようになりバランスを狂わせていった。

『THE TEAM』を書いた起業家の麻野耕司さんが珍しくいいことを言っていた。

「成長でも脱成長でもいいけど、人間は物語がないと幸せに生きられない。自分で物語を作れなくても会社とか宗教とか推し活とか他者の物語に参加することで生きがいを感じられる」

たしかにそうだ。自分が充実しているときはサッカー部で都大会を目指したり、新しい出版の形を作ろうとしていた時だった。

人生は思い出作りだとしても、刹那的に楽しいことだけをつまみ食いしても幸せは感じられない。日常が大切で、その日常を支えるのは物語なのだ。

青森ねぶた祭。今年僕は初めて行った。骨組みに和紙を貼った大きく重いねぶたを運び続ける。発熱のときに夢で見るような狂気のエンドレスダンス。正直に言うと、僕はそんなに楽しめなかった。これは青森の人たちの祭りなのだ。日本屈指の自殺率を誇る、陰鬱な青森の民が、年に一度解放される数日にわたる祭典。その踊りを見る観客席の僕は次第に力を吸い取られていき、自分の無力さを目の当たりにした。

日常があるから祭りがあり、抑圧があるから解放が輝くのだ。自分の祭りを楽しむためには、僕も僕の日常を生きていかないといけない。

安全安心~~を~~が

~~破壊せよ~~

あるから戦える

第1章
［**考え方**］
予定調和を破壊するな

計画どおり、段取りどおりに進む仕事。安全安心の空間からは熱狂は生まれない。『ネオヒルズ・ジャパン』で奇天烈なヒットを飛ばしたことで編集部に異動することになった。1冊目に企画したのが出版界の革命児・幻冬舎社長 見城徹の『たった一人の熱狂』だ。「書籍を作ったことがない人間が見城さんの本を作るなんて危険すぎる」「下手な仕事をしたら出版界で生きにくくなるぞ」と周りから散々言われた。意味が分からない。最初から負けることを考えて戦いにいく馬鹿がいてたまるか。伝説の編集者と作った僕の編集処女作は、累計12万部のベストセラーとなった。

見城徹の五体からは爆発的なまでの熱狂がほとばしっているが、僕も発狂していた。20時間近くある取材テープを通勤電車など時間があればとにかく聞き込んだ。すべての発言を完璧に記憶して口を開けば見城徹のことばかり。ライターには「気が狂っている」と言われ、妻には「見城さんと結婚しろ」と言われ、まだ喋りだしたばかりの子どもは強面《こわもて》の男がテレビに出ると「ケンジョーサン」と言うようになった。しかし、大変なのは本ができたあとだ。営業部や宣伝部とチームプレイで売っていく。双葉社の他の社員にとって僕の熱狂など知ったこっちゃない。

すると見城徹がみるみる怒り始めた。「遅すぎる！　搬入日をあと2日前倒しにしろ！」「幻冬舎の流通を使え」。双葉社は無理だと言う。それは当然だ。通例で考えたら無理なことばかり。僕は板挟みになりながらそれを伝えると「箕輪、よく聞け。無理はなあ、通すためにあるんだよ！」と一蹴された。僕はその言葉に痺《しび》れた。そしてその瞬間に見城徹のいる幻冬舎へ行かなければダメだと思った。

与えられた仕事を段取りどおりにこなす。そうすれば失敗しても大きな傷は負わないだろう。しかし、そんな予定調和からは何も生まれない。無理と言われたら突破する。ダメだと言われたら強行する。僕は半ば意識的に予定調和を破壊する。ありえない日程で出版まで駆け抜ける。イベントをドタキャンする。泥酔状態で偉い人との会食に行く。社会不適合者だと後ろ指をさされても、これでいいのだ。いや、こうでもしないと、周りも自分も弛《し》緩《かん》してしまう。いつ刺されるか分からないから危機感が生まれ、どこに宝が埋まっているか分からないから血が沸くのだ。ギリギリの綱渡り。どっちに転ぶか危うい状態でなんとか落ちずに走り続けろ。そうやって初めて鮮やかな結果が出る。

30万部のベストセラー堀江貴文の『多動力』をマンガ化したときも、通例は全部無視。ビジネス書のマンガ化は大体フォーマットが決まっている。オフィスが舞台で主人公はOL。そんなことをしてもおもしろくもなんともない。一冊も売れなくてもいいから無茶苦茶なことをしたい。「無人島を舞台にするしかない」と思いついた僕は、最後までホリエモンに見せることなく作った。事前に相談していたらこんな意味不明なアイデアは却下されるかもしれない。予定調和を打破するためには黙ってやるしかなかった。結果は大成功だった。

格闘家・青木真也。相手選手の骨を折り、動けなくなった相手の目の前に中指を突き立てる。傍若無人。問題児。「いつかこのクレイジーガイの本を作りたい」。僕の想いは著書『空気を読んではいけない』として実を結んだ。

青木真也といえば、格闘技好きの間では有名人だが、格闘技ブームが去った今、1万部売れれば奇跡だ。売りようがない中、青木真也と僕はゲリラサイン会を計画した。ツイッターで「サインほしい人がいたら○○書店で本を買って店の前に来てくれ！」と呼びかけた。しかし本屋から幻冬舎営業部にクレームが入った。サイン会の問い合わせが店に来て混乱を招くというのだ。「サイン会をやる場合は、事前に申請を」と言われたが、事前に攻撃しますと宣言するゲリラ兵などいてたまるか。僕は答えた「申し訳ないのですが、本のタイトルは『空気を読んではいけない』ですよ」と。本屋さんには迷惑をかけてしまったが、新聞記者がおもしろがり、ゲリラサイン会を大きな記事にしてくれた。新聞というのは不思議な権威があり、ゲリラサイン会は市民権を得て次第に大きな現象になっていった。『空気を読んではいけない』は格闘技本の常識を覆し、3万部のスマッシュヒットとなった。

「上司に許可を求めながら歴史に名を残した人はいない」（『トム・ピーターズのサラリーマン大逆襲作戦①ブランド人になれ！』ＣＣＣメディアハウス）。

安全安心を破壊せよ。僕の仕事のポリシーだった。

人はこの世在らざるものを見たい。この世在らざるものを生み出すためには安全安心を守っていたらいけない。

ある日飲みの場でホリエモンから「明日カルロス・ゴーンに会いに行かない？」と

誘われ、即決でレバノンに飛んだ。当時のレバノンは債務不履行直前で街は物々しい雰囲気だった。

タクシーが捕まらず、夜道をあてもなく歩いた。とても不安な旅ではあったが、帰国してからテレグラムという逃亡犯御用達《ごようたし》のチャットツールで「本を出したい」とゴーンから連絡が来た。あの時、即決してなければゴーンの本は日本で出版されることはなかった。

同じく逃亡犯だったガーシー。一刻も早く本を作るために取材制作はZOOMで行った。本は発売と同時に爆発的な初速を叩き出す。そして、わずか一ヶ月で10万部を突破し、初めてドバイまで会いに行った。

ガーシー本を制作する前、さまざまな人から警告を受けた。業界の重鎮からも「ヤクザが動いているから気をつけろ」と一度だけ警告された。ガーシーに会うためにドバイに出かけると、そこには有象無象の魑《ち》魅魍魎《みもうりょう》がうごめいていた。

「１０００億円を持っている」という触れこみの高校生と会った。全身ルイ・ヴィトンをまとう小太りの少年は「親が華僑《かきょう》で異常な資産家なうえに、彼も小さい時にビットコインに投資して１０００億円資産がある」と言われていた。金ピカのスマホを持ち、クルージングを楽しむ。ドバイのビルを指差して、「あれ買ったんですよ」と言う。「腕相撲で負けたら1億円」という勝負を吹っかけられて、実際に目の前で6億円分の仮想通貨を送金していた。「世の中にはとんでもない高校生がいるもんだ」と驚きながら日本に帰国した。のちにその高校生はポンジスキームの詐欺師であったことが判明した。

ガーシーに告発に来た港区女子、日本に帰れなくなった者。ドバイには胃もたれしそうなモンスターが集まる。サバンナの野生動物は弱いものから順番に喰われるように、獲物になるのは誰だと互いに睨み合うような土地。こういう人たちとつきあっていると、ときに危険を感じることもあるし、神経が消耗して疲弊する。

しかし、僕は結果を出すためには、危険地帯にいることが大事だと信じていた。

ある年末に見城さんファミリーとハワイに行き、毎日のように食事を共にした。あの見城さんが仕事では見せない柔らかい表情をしている。帰国して、お礼のＬＩＮＥを送ると、「箕輪、ファミリーは大事だよ」と返信がきた。

僕は面白いコンテンツを生み出したかったら安全安心な場所を持ってはいけないと半ば強迫観念のように思っていた。しかし人に見せないだけで戦う人はみな安全安心な場所を持っていたのだ。

安全があるから賭けに出られて、安心があるから最後のバランスを失わないでいられるのだ。

言っては
いけないこと~~を~~は
言って~~しまえ~~はいけない

第1章
［**考え方**］
予定調和を破壊するな

僕が双葉社に入社したとき、新入社員全員でマナー研修というものを受けさせられた。社会常識に欠けていて、まともな挨拶の仕方も知らなかった僕だけに、いっぱしの社会人としての常識を学べるものだと期待して出かけた。

会場には複数の会社から新入社員が集まり、一緒にグループディスカッションをやらされた。「自分はどういう生き方を大切にしているのか」「どういう思いで会社に入ったのか」という想いを共有する謎の会。はっきり言ってレベルが低く、小学校のホームルーム以下。ウダツが上がらない者同士が傷を舐《な》め合ったところで、何の意味があるのか。「真剣10代しゃべり場」のような空気に反吐《へど》が出た。

名刺の渡し方やメールの書き方などの実践的マナーを1日で手っ取り早く学べるものと思っていた。研修会に後ろ向きだったどころか、むしろ積極的に学びたいと前のめりだったのだ。しかし僕の願いはあっさりと消えた。

マナー研修を受けたあとには、日報を書いて会社に提出しなければならない。正直な感想こそが誠意である。僕は「マナー研修という名の茶番劇」というタイトルで、この研修会がいかにくだらないか、気が狂ったかのように全力で感想を綴った。

「マナー研修というのは名ばかりのただの茶番劇だった。内容を事前に確認してから受講するか決めるべきだ。高い参加費を払い、大勢の社員を丸一日拘束することにはまったく意味がない。こんな無駄なことは来年からやめたほうがいい」

すると日報が社内で問題になり、局長室に呼ばれて信じられない勢いで怒られた。

「大人ってこんなに声を荒らげて怒り狂うものか」と驚いた。「別に反省はしていないです。書いていることは間違ってないと思いますよ」と反論すると、さらに怒りは倍増したものだ。新入社員のくせに、会社の上層部が良かれと思ってやっていることに対して「意味ないからやめましょう」と言う。僕としては小学校くらいから変わらないスタンスだったが、「とんでもない問題児」というレッテルを貼られてしまった。

同僚や上司との間で波風を立てず、仲良く無難にサラリーマンライフを過ごしたい。そういうタイプの人間であれば、心の中で「くだらない集まりだな」と思っても、声を上げないのが普通だろう。それでいい。

しかし、社畜の群れから抜け駆けし、何者かになりたいのなら話は変わってくる。自分の頭で考えた結果「ナンセンス」と思ったことは、相手が誰であろうが声を上げなくてはいけない。「これって、ぶっちゃけ意味なくない？」「そのロジックはおかしいよね」と言えず沈黙した瞬間、敗北が始まる。社畜化への一本道を転がり落ちる。

羊のように組織に従順な生き方は、タチが悪いことに癖になる。この癖は、一度肌に染みついてしまうとなかなか治らない。悪癖は最初から排除したほうがいいのだ。

先日、ある新入社員から相談を受けた。「××という企画を進めようと思うんですけど」と訊かれたので、僕は「その××って、やる意味なくない？」と一刀両断した。すると新入社員は「ああ、やっぱりそうですよね。上司の△△さんからやるように言われたので」と言う。僕ははっきり言った。「お前がやる意味ないと思っているのならここが別れ道だ。意味がないことを知りながら上司のために仕事をすることは真面目でも何でもない。むしろ不真面目だ。代案を考えて『意味ない』と言ってこい。疑問に思ったことを飲み込んで、言われたとおりに仕事する。そんな無難な道を3回歩いたら二度とこっちに戻ってこれなくなるぞ」

ルールや習慣とは、船にとっての錨《いかり》のように不変で重い存在ではない。常に変わり続ける。おっさんは昔からの習慣を守りたがる。当たり前だ。そっちのほうが自分が変わらずにすんで都合がいいからだ。しかし若者はそんなものはまやかしであると喝破し、新しい秩序を作らなければいけない。

仕事をしていれば上司や取引先の無意味な注文を飲まなければならない場面も出てくるだろう。しかし、3回までだ。3回自分に嘘をついてしまったら、二度と戻ってこれなくなる。

本当のことを正直に言うと「狂っている」「バカだ」と言われるだろう。敵を増やし、誹謗《ひぼう》中傷にさらされることにもなるだろう。しかしそれこそが間違っていないという何よりの証拠だ。「王様は裸じゃないか」と声を上げ続けろ。

いち早く突き抜けるには「言ってはいけないことを言ってしまう」のが手っ取り早いと思っていた。「同調圧力」をぶっ壊すような真実や、「一般的」からかけ離れた発想など、秩序を乱す言葉をあえて口にする。でもそれは、知らず知らずのうちにカルマを溜めることになる。

インフルエンサー、ロックスター、起業家。新しく世に出るものは言ってはいけないことを言うことで反発や嫉妬を巻き起こし、その向かい風の大きさによって自分の存在を確認する。

「高齢者は老害化する前に集団自決、集団切腹みたいなことをすればいい」と発言した成田悠輔さんが炎上した。成田さんの座右の銘は「口にしちゃいけないって言われてることは、だいたい正しい」だ。

　成田さんのあの言葉は普通に考えればもちろん問題だ。しかし、あえて強い言葉を使うことによって注目を集め、世の中が蓋をしてきた真実を議論の俎上《そじょう》に上げる。そういう意図があることは深く考えるまでもなくわかる。

　しかし一度炎上してしまえば、ありとあらゆる方向から攻撃が始まり、成田さんの人格否定にまで発展した。弱者を切り捨てる差別主義者。もはや正しいかどうかではなく、とにかく許せないという感情の問題になっていた。

「カルマ解消」この耳慣れない語を聞いたのはK－1の創設者石井館長からだった。人間は目に見えないカルマ（業）を背負う生き物だという。欲望に衝き動かされるまま生きていると、次第にカルマが溜まっていく。その人間の器ギリギリまでカルマが溜まると、器が決壊して〝カルマ解消〟が起きるそうだ。

　カルマ解消というのはスキャンダル報道をされたり、一家離散になったり、逮捕されたりして、それまで築いてきたものがすべてなくなってしまうことを言う。

僕は館長に会うたびに「箕輪くん、肉と酒の匂いがするなあ。カルマ溜まってるよ」と恐ろしい言葉を耳にした。

仏教的には肉、酒、女遊びなどがカルマを溜める主な原因とされるそうだが、現代社会では「言ってはいけないこと」を言うことも含まれている。

僕自身も心当たりがある。「これからは若者の時代」「おっさんは退場せよ」などとテレビや雑誌で叫びまくっていた中、「月収30万円から年収1億円」というサムネと共に僕の成り上がりインタビューがYouTubeにアップされた。

何人かから「あんなに堂々とお金の話するの箕輪くんくらいだね」と言われたが、たしかに、この日から明らかに風当たりが強くなった。僕は知らず知らずのうちにカルマを溜めていたのだ。

三浦瑠麗さんもかつて統一教会に多額の献金をすることは「パチンコや競馬でお金をスッたようなもの」と言い放って顰蹙《ひんしゅく》を買った。たとえ腹の中で思っていても、外に向けて言わないほうがいいことだ。

同時にドルチェ&ガッバーナの高い服を着て昼間からシャンパーニュを飲むセレブ生活を発信し、〝カルマ解消〟が起きた。

多くの人の目に触れる人間は、存在するだけで誰かを傷つけ不快にしている。

「言ってはいけないこと」はやはり言ってはいけないのだ。

頭は
3歳児~~レースには~~でも
~~勝ち残れ~~
身体はボロボロ

第1章
［考え方］
予定調和を破壊するな

世の中にインパクトを与える起業家やアーティスト、アスリートには共通点がある。「狂ってこそ人生」。みんな3歳児のように本能丸出し、好奇心剥《む》き出しだということだ。

僕の家にも小さな子どもがいるのでよく分かる。3歳児の表情は瞬間瞬間でカメレオンのようにクルクル切り替わる。ヤンチャをして転んで口を打ち、血を流して大泣きする。しかし次のおもしろいものを発見した途端、ケガをしたこともコロッと忘れてまた走り出す。

3秒前に涙を流していたかと思えば、涙も乾かないうちからケラケラ笑い始めたりする。目の前に食べたいものがあれば口に放り込んで食べ、どんなにやかましい人混みだろうが、眠たければその場で眠ってしまう。やりたいこと、思ったことを即実行に移せる3歳児は無敵だ。

僕の周りにいる起業家やクリエイターたちもみな、3歳児のように本能的、動物的な感覚に突き動かされながら行動している。決してルールや常識、ロジックだけでは動かない。

彼らを見ると、人生とは3歳児のままどこまで走れるのかというレースだと感じる。

誰もがどこかで大人になる。学校に洗脳され、会社に飼われ、常識を知り、ルールを覚え、人間関係に縛られていく。そして、いつしか「ありのままの自分」を捨てる。破天荒な人生は映画や小説の主人公に任せて、世の中に溶け込むことを受け入れる。「3歳児レース」から一人、また一人と脱落していくのだ。

しかし永遠に3歳児でいられれば、人生はどんなに楽しいだろう。

ホリエモンとよく行動をともにしていて痛感する。彼の肉体には常識というものは一切見当たらない。常にありのまま。嫌なものは嫌。好きなものは好き。やりたいことをやる。やりたくないことはやらない。

ホリエモンと沖縄にあるカドカワN高校で対談するイベントがあった。僕は国際通りで買ったド派手なTシャツに短パン、そして裸足。片手にはハイボールを持って、泥酔状態で舞台に上がった。いくら3歳児のホリエモンでも、担当編集者のこの態度には一言ぐらいツッコんでくるだろうと予測していた。いや、むしろ「なんだよ、お前」と言われることを期待してド派手なTシャツを買ったのだ。

しかし「箕輪、何飲んでるの？　俺もそれちょうだいよ」と言っただけだった。ホリエモンが誰かに常識を押し付けているところを見たことはなかったが、さすがに拍子抜けした。

しかし、そんなホリエモンにも怒られたことがある。普段スーツを着ない僕が編集者になって初めてスーツを着てネクタイを締めた日。

その日はNewsPicksが主催する晩餐会が開かれていた。晩餐会などというものに参加する人間になるとは思ってもいなかった。その晩餐会には小泉進次郎をはじめ、日本の未来を背負う政治家や研究者、起業家が呼ばれていた。お城のような会場にドレスコードはフォーマル。いくら型破り編集者・箕輪厚介と言えどスーツにネクタイで出かけた。

第1章
［考え方］
予定調和を破壊するな

しかし呼ばれているはずのホリエモンの姿がない。二次会でホリエモンと合流するなり彼は僕のネクタイを引っ張り言った。

「だせえ格好すんなよ。媚《こ》びんなよ。俺はドレスコードある時点で断ったぞ」

ホリエモンは好きなことしか本当にやっていない。最近はお祭りに行ったりお肉を食べたりトライアスロンをしたり、もはや遊んでしかいない。

会社からもお金からも常識からも自由だ。糸が切れた凧《たこ》のように風の吹くまま飛び回っている。

テクノロジーの変化がかつてないほど速く、今までのルールや枠組みがすぐに時代遅れになる。過去のデータを正しく分析することは意味がなくなる。こんな時代には3歳児のようにまっさらで身軽な人間が一番強い。目の前のことを本能と直感で、欲望のままに受け入れていく。いつまで子供のように狂い咲くことができるか。おっさんになるな。「3歳児レース」に勝ち残れ。

文春砲によって、一時期仕事が全部なくなった。その後の数年間、僕は生活が破綻し、身体がボロボロになっていった。

僕はいきなり暇になった。すぐに破産するみたいな状況はなんとか回避できて、しばらく世捨て人みたいな生活を送っていた。朝から酒を飲みサウナで酒を抜いてひたすら焚き火をする。薪を何本くべたかわからない。

少しずつ仕事が戻ってきても、人間というのは難しいもので、元の激しい生活リズムには戻れない。

一日のスケジュールは、午前中にキックボクシングかフットサルで汗を流し、夕方にサウナでまた汗を流す。そして夜に失われた水分をアルコールで回収する。これがルーティンになった。

予定が空くと「次の予定までサウナに行こう」と思うが、「あれ、次の予定もサウナじゃん」とハッと気づいたりする。ソープ嬢よりもシャワーを浴びて肌はカサカサになっていた。

完全にリタイアしているわけではないが、昔に比べると圧倒的に時間がある。

僕は数年前まで公私ともに忙しさの限界を迎えていた。

埼玉県の小手指から2時間かけて満員電車で会社に通う。お金も時間もない。2週間に一回ほど地元の銭湯に行くのが唯一のご褒美だった。握りしめてきた小銭でレモンサワーを3杯飲む。時には2杯で我慢してアジフライを頼む。

その当時の自分が見たら夢みたいな生活を送っている。

あの時の自分にこの生活を体験させてあげたらきっと喜ぶはずだ。なのに、これが日常になると、それほど幸せだと実感することもない。

人間はドーパミンの奴隷だ。

第1章
［考え方］
予定調和を破壊するな

勉強を必死で頑張って試験に受かる。仕事で圧倒的に努力して結果を出す。その瞬間、脳にはドーパミンが溢《あふ》れ、最高に気分が良くなる。幸せを健康的に実感できる。

スポーツ、サウナ、酒。それは日常の苦しみには向き合わず、不健康にドーパミンを手に入れる合法ドラッグ。

スポーツとサウナで自分を追い込み、酒で解放する。

しかし、すぐに手に入れた快感はすぐに冷める。襲ってくるのは虚無。依存症のように抜け出せない生活リズム。

そんなある日、忙しくて5年近く受けてこなかった健康診断を興味本位で受けてみた。一枚の紙が僕を地獄に叩き落とした。

ガンマＧＴＰ４７７。

肝臓の数値らしい。標準値は50で１００を超えると医者から怒られる。２００を超えると危険水域らしい。人生を見失っている内にChatGPTより先にガンマＧＴＰに仕事を奪われそうになっていたのだ。

４７７はサッカー界ならメッシ、野球界なら大谷の領域だ。アルコール度数96%の「スピリタス」を毎日パカパカ飲んでいる井川意高《もとたか》さんから「肝硬変ですよ」と心配されるレベル。

僕は知らぬ間に心も体もめちゃくちゃになっていった。

退屈な世界~~に~~で
~~火を放て~~
廃人になる

THE HIGH-LOWSの「モンシロチョウ」という歌の中に好きな歌詞がある。

「裸になればいいのか
ポコチン出せばいいのか
存在してるだけじゃ
退屈で嫌になっちゃうよ」

僕の行動原理はここに集約されている気がする。

学校でも会社でも社会でも、透明人間のような、いてもいなくても変わらない存在にはなりたくない。

高校サッカー部時代、3対0で自分のチームが勝っても、フォワードである僕がゴールもアシストもしていなければ悔しかった。しかし全国大会に出るような強豪相手に10対1でチームがボロ負けしても、僕がその1点を叩き込んで一矢報いていれば嬉しかった。

高校の授業中は机の上で亀を飼っていた。机のサイズと同じ大きさの水槽に砂利と水を入れて亀を飼う。当然、教科書もノートも置くことができない。授業のボイコットでもなければ窓ガラスを割るわけでもない。独特な世界観による自己主張。教師も戸惑っていた。大学に進むと学生証の写真を裸にした。わざわざ裸になって証明写真のマシーンの中に入り撮影した。ただのイタイ大学生。おもしろくも何ともない。

実力もなく、世の中に対して何もできないときから、「その他大勢にだけはなりたくない」という気持ちだけはあった。ただ、そのアピールの仕方が歪んでいた。NewsPicks Book 編集長という立場になって、その方法が最近少しまともになって、その目的がほんの少し世の中のためになり始めた。だけど本質はずっと変わらない。

『ネオヒルズ・ジャパン』を創刊して与沢翼が書類送検されたとき、焦りながらも僕は「この本が回収騒ぎになったらプレミア化するな」と思っていた。会社が大損しても僕がクビになっても伝説は残る。最高じゃないか。そんなふうに俯瞰カメラで自分を捉え、ドラマを見るように楽しんでいた。

言ってみれば放火魔だ。放火魔は火をつけていったん逃げたあと、火事場見物にやってきた客に混じって燃える現場を眺めると言う。

刑事ドラマで言う「犯人は必ず現場に戻ってくる」というやつだ。自分がつけた火で大騒ぎになっている様を見て快楽にひたる。似ているかもしれない。

とにかく騒ぎにする、問題を提起する。狂えと煽《あお》り、若者を先導する。

「とにかくオープンに議論すべきです。今はもう世の中が権威とニッチに分断されているので、双方を包含するようなたたき台、たたかれ台を作ることがすごく重要な作業なのです。例えば、NewsPicks Book が売れているのは、時代のたたき台になっているからでしょう。別にたたき台が正解でなくてもいいのです。外れでもいいので、まずは問題を提起しないといけません。それなのに、真の賢い人々は問題提起せずササッといなくなってしまうんですよね」（NewsPicks Magazine Vol.1 落合陽一インタビュー『日本文化再興戦略』より引用）

民衆は「正しい情報」よりも「楽しい情報」を求めている。これは江戸の瓦版のころからの真理だ。おもしろおかしく、刺激的な言葉を吐く講談師や噺家《はなし》は、民衆から喝采を浴びる。「正しい情報」をありのままに伝えたところで、人々は幸せにはならない。そして「正義」ほど曖昧で、一方的で、暴走しやすいものはない。

僕の周りには真の才能がいる。本当に日本を背負い変える覚悟と能力がある起業家やアーティストや作家、批評家がいる。

だからこそ僕の役割はギリギリのラインを歩きながら火を放っていくことだ。正義や真実は、新聞記者やジャーナリストが追求してくれればいい。「正しいことより楽しいことを」「過激にして愛嬌あり」。これこそ僕という編集者がなすべき仕事だと思っている。

僕はまともな社会生活が送れなくなっていた。

浴びるように酒を飲み、酒に溺れる毎日だった。そんな中、「ととのう」という言葉の意味を悟る奇跡的な瞬間を体験した。

「ととのう」とは、サウナ好きの間で頻繁に使われる業界用語だ。

まるで幽体離脱するかのように、意識が体から浮き上がる快感。その境地にたどり着きたくて、人は何度もサウナに通う。

僕が文春砲を喰らい朝から晩まで酒に溺れていたころ、サウナではなく別の場所でととのったことがある。

ある真夏の日、静岡県掛川市へ旅に出かけた。財布を持っていくのを忘れたので友達に切符を買ってもらった。

掛川に行くと現地の人たちが酒をおごってくれた。スナックでひたすら酒を飲んでいると気がついたら寝てしまった。深夜に起きた僕は真夜中の掛川の町で独りぼっちだった。

財布を持っていないから、ホテルに泊まることもできない。どうしようかと思っていると、友達の誰かが1万円を店に落としていた。

この1万円のおかげで、駅前のホテル「ドーミーイン」に泊まれることになった。

文春砲以降あまり眠れなかった。数十分寝ては目を覚ます。起きた時に、もしかしたら全て夢だったのではないかという気がするが、意識がはっきりしてくるにつれ、そんな期待は消えてなくなる。

まるで変わらない現実を受け止めることで一日が始まる。その日もほとんど眠れず朝5時前に大浴場へ向かった。

サウナと水風呂に軽く入って脱衣所に行くが、部屋からタオルを持ってくるのを忘れてしまっていた。ティッシュペーパーで身体についた水滴をペタペタと吸い取った。

少し濡れたまま服を着て部屋に戻るが、部屋番号を忘れてしまったことに気づいた。当てずっぽうで部屋のドアノブにカードキーをタッチするも、ライトは赤色のままでロックを解除できない。寝ている人を起こさぬようにカードキーを片っ端からタッチし続け、ようやくライトが緑色に変わり、自分の部屋に戻ってこれた。

チェックアウトまでまだだいぶ時間があるものの、二度寝する気になれない。

外に出ると早朝とは思えないくらい強烈な日差しだ。1000円で買った安物のサングラスをかけて、駅前までトボトボ歩いた。

途中、コンビニでバドワイザーを買った。

安物のサングラスで視界はほとんど真っ暗だ。駅前のベンチでビールをあおり、真っ暗な視界を見やりながら、セミの鳴き声が身体の周りを回転するのを感じる。音量がどんどん上がっていくように錯覚する。「このまま頭がおかしくなってしまうかもしれない」。

その瞬間、体がフッと軽くなって浮き上がり、ベンチに座っている廃人のような自分の姿を中空から見下ろした。「これが今の自分の実像だ」。これまで積み重ねてきたと思っていたものは全て虚像に過ぎないことを理解した。

7月の異常に暑い夏の日、僕は確かにととのったのだ。

第2章
［商売のやり方］

自分の手~~で~~だけで
金を稼~~げ~~ぐな

会社から餌を与えられる豚になるな。自分の手で、足で、頭で、名前で獲物を狩りに行くオオカミになれ。サラリーマンであっても金銭的、精神的に会社から独立せよ。

自分は何万円の値札を貼るか

第2章

［商売のやり方］

自分の手だけで金を稼ぐな

幻冬舎に転職し、編集者の仕事に熱狂するにつれて、僕の1日は猛烈に忙しくなっていった。編集者の仕事に終わりはない。仕事と遊びの境界線がないから、酒を飲んでいるときも映画を観ているときも仕事だと言えるし、24時間遊んでいるとも言える。朝からまた次の朝まで。遊びのように仕事をやり、仕事のように遊びをやる。

しかし、僕は1年前まで埼玉県の小手指町に住んでいた。それは無理もない。僕は転職してきて3年目の30代のサラリーマンだ。妻と子供二人と一緒に生活しようとすると2LDKは必要だ。すごい勢いで昇進させてもらっているが、30過ぎのサラリーマンの稼ぎでは郊外にしか住めない。これが今を生きる若者の、当たり前の現実だ。

僕は自分で作っている本では「通勤時間など無駄だ」みたいなことを言い放ち、六本木や渋谷で深夜まで飲み明かしていて、最先端の感じで振る舞いながらも、実際には郊外のマンションから長時間、満員電車に揺られ通勤していた。帰りは最終の西武池袋線で缶チューハイ片手にツイッターでネットの暇人たちと喧嘩して憂さを晴らしていた。寝過ごして埼玉の端っこまで行き、タクシーの行列に並んでいるときは自分の現状が辛くて涙が出そうになったこともある。

編集者をやっていると著者から今すぐ会いたいと呼び出しがしょっちゅうある。トラブルのときもあれば単純に飲みたいというときもある。トラブルであれば誰よりも前のめりで突っ込みたいし、好きな才能とだったらすぐに駆け付けて朝までも飲んでいたい。しかし都内まで最速でも2時間弱かかる。これではいい加減仕事にならない。理想と現実のはざまでいらいらするのも限界に近付いていた。僕は賭けに出た。

もう都内のマンションに引っ越すしかない。

月収の2／3以上の都内のマンションを借りた。貯金などほとんどなかったから、半年もすれば破産する計算だった。

でも、僕は思った。自分は追い込まれたら絶対に結果を出せる人間だと。会社の副業規定など確認もしてなかった。僕が編集者をこのスタイルのままで続けるためには自分の手で毎月あと20万は稼がないと成立しない。選択の余地は元々ない。

そう腹を括《くく》った瞬間に何かが変わった。今まではどんなに結果を出そうと出すまいと25日には給料が口座に振り込まれていた。しかし、これからは自らの手で金を稼がなければいけない。でないと問答無用で破産する。

自分はいったい何をすればお金をもらえるのだろうか。市場にさらされて初めて自分の値札を意識した。まずはWebメディアに僕の実績を売り込んで記事を書かせてもらった。1本3万円。編集者養成講座などで話すと2時間5万円。毎月5本何かを書き、2時間喋ればとりあえず大丈夫。本業で結果を出すことで僕個人への依頼も増える。本業を頑張り、その合間にせっせと働いた。そのうち名前が知られてきた。僕がオンラインサロンを月５０００円でやれば10人は集まるかもしれない。そうすればさらに5万円増えると思いオンラインサロンを開設した。すると10人は一瞬で突破し、あれよあれよと数百人まで増えた。自分でも信じられなかった。ベストセラーを出し、いろんなとこで記事を書き、話をしているうちに、ゆるやかなファンが作られていたのだ。先月まで数万円を必死に集めていたのに、一気に数十万円増えた。

すると今度は、僕は編集者というよりもプロデューサーに近いかもしれないと考え、「月5万円であなたの商品をプロデュースします」とツイッターに書き込んだ。一件でも来たらいいと思っていたけれど、何十件もの問い合わせが来た。全部は受けられないから単価を上げていった。今では1時間50万円になっている。ついには埼玉に住んでいたときと比べて月収は20倍近く上がった。

しかし僕の実力が20倍になったわけではない。僕がしたことは、無謀にも市場に出て行き、自分の腕一つで稼がなければならない状況に自分を追い込んだだけだ。しかし、その瞬間、それまでの檻《おり》の中で安寧に暮らしていた僕の意識が変わったのだ。自分で餌を探すことを覚え、狩りの仕方を習得したのだ。どんな小さなことでもいい。自分の手で、頭で、足で、名前で稼いでみろ。自分の値札を意識しなければ、一生飼われた豚のままだ。飢えたオオカミになれ。

自分自身に値札を貼って、その価値を上げていく。ビジネスパーソンの個人戦略として必要なことだ。

副業が当たり前になり、転職も珍しくなくなった。にもかかわらず、いまだに会社の看板を外した時に、自分がどの程度の価値かに鈍感な人が多い。

日経新聞を退社しフリーになった経済記者の後藤さんの値札はすごい。月５００円で経済情報を配信する有料 note の会員が２万人もいる。それだけで月１０００万だ。

後藤さんは日経新聞という看板を下ろした時、自分の値札が跳ね上がったのだ。

後藤さんの後にも多くのテレビマンや広告クリエイターなどが次々に独立し自分の値札で勝負をし始めている。もう個人の時代への加速はとまらない。

僕も約5年前、幻冬舎に籍を置きながら副業の域を遥かに超える個人活動を開始した。

オンラインサロンは１３００人を超え、著書『死ぬこと以外かすり傷』は15万部近いベストセラーになった。本が17刷、18刷……と増刷を重ねていた２０１９年、「箕輪厚介」の値札は上がり続けた。

日本中から講演会の依頼がどんどん届いた。全国の青年会議所に呼ばれ、総会では総務大臣賞か何かの賞状を渡す役までもらっていた。

もはや絶対に呼ばれないであろう楽天さんのカンファレンスにも招かれ、何百人もの経営者の前で話すこともあった。

テレビにも毎日のように出た。「スッキリ」や「サンジャポ」のレギュラーに加え「テレビタックル」「雑学王」「タモリ倶楽部」。とんでもない数の出演依頼が連日届く。

極めつけはＮＨＫの新春特番。ＮＨＫで僕が「令和について語る」という信じられないオファーが来た。税金の無駄遣い。N党の立花孝志は内輪モメなんかしてないで早くＮＨＫをぶっ壊したほうがいい。

僕の値札は連日ストップ高を更新していた。

ちょうどそのころ、サイバーエージェント社長の藤田さんと食事会でご一緒する機会があった。

すると藤田さんは真顔でこう言った。「箕輪君、早く利確したほうがいいよ。今めっちゃ上がってるから。今利確できたら勝ち逃げだよ」。そして「まあ、みんなできないんだけど」と意味深に付け足した。

数々の成功者、そしてそこから転がり落ちる人を見てきた藤田さん。言葉の意味はなんとなくわかった。早く壇上から下りて、地に足をつけたほうがいいということだろう。

本業以外で忙しくなり、もはや何の人かわからなくなる。しかし値札だけは上がり続け、知らない人がチヤホヤしてくる。

「こんなことといつまでも続かない」と分かっていても、もう自分の意思では止まらない。

結局は、僕そのものに値がついていたわけではなく、「意識高い若者」というジャンルの代表として消費されていただけだった。

その後の文春砲で、値札は一気にストップ安を記録した。株も人生も利確するのは難しい。

意識~~くらい~~が高~~く持て~~いと嫌われる

これを書いている僕はいま、フィリピンにいる。フィリピンの雑踏に出ると現地の人が客引きをしたり果物を売ったり女を売ったりしている。僕はこういうアジアの混沌とした感じが好きで、彼らの中に紛れて埃《ほこり》だらけになって歩いていた。

先進国にいることやお金があることが幸せだということではないというのは百も承知だが、選択肢が多く自由であることは間違いない。フィリピンの商売人は明日から違う仕事をしようと思ってもなかなか難しい。というより、そういう発想すら出ないだろう。外国があるということを知らなかった頃の日本人が外国に行きたいと思わなかったように。そこには情報不足がある。世界はこれだけ広く多様で、世の中には多くの仕事がある。しかし、それを手触り感を持って感じていなければ動くことはできない。

やはり知っているということは、それだけで偉大なのだ。

NewsPicksを読んで仮想通貨の動きを知り、ベーシックインカムが導入されたら世の中がどう変化するかという記事を読む。世界がこれからどこに進むかということに興味を持つということは、世界を自由に生きるために必要なことだ。

NewsPicksを読んだり講演会などに通っている人を「意識高い系」と揶揄《やゆ》する人がいる。しかし僕は「意識くらい高く持て」と言いたい。世の中の最前線で起きている動きに、五感を研ぎ澄ます。意識のアンテナを4本バキバキに立てっぱなしにしているだけで、リスクを未然に回避できる。ピンチをチャンスに変えられる。

僕自身、社会人になった当初は単なる「意識高い系」だった。僕が今仕事をしている見城徹、秋元康、堀江貴文といった人たちの出演番組や書籍、記事は一つ残らずチェックしていた。先輩編集者である佐渡島庸平や佐々木紀彦は、今では偉そうに絡んでいるが、彼らの講演会があると必ず顔を出し、前のほうで聞いていた。

すぐに具体的な何かに生かせたわけではない。はたから見れば意識が高いだけで、結局うだつの上がらない、一番痛い若者だったかもしれない。

しかし、どこかの時点で堰《せき》を切ったかのように、それまで蓄積していた知や情報が繋《つな》がり、僕のアイデアとなり噴き出していった。行動に繋がっていった。

書籍の企画やプロデュースなどの結果を見て、僕が次から次へと新しいことを思いついているかのように見えるかもしれないが、あのころ徹底的に吸収していたものが大きい。

だから僕は、ビジネス書を読んでも意味がないとか講演会なんかに行く暇があったら仕事をしろという声を聞いたときに反論する。「実際に手を動かすほうが価値はあるが、これからの世の中がどこに向かうのかを知っているということも極めて重要だ」と。

特に、ここ最近はそれが顕著になっている。

「知っている」と「知らない」の間にとてつもなく太い川が流れているのだ。

NewsPicks Bookがどれだけ売れようが、世間の人は前田裕二も佐藤航陽も知らない。

ホリエモンと落合陽一をサンジャポの人として認知しているくらいだろう。

スマホによって世間は分断された。

昔のように家族で同じテレビ画面の前に座り、会社や学校で昨日の番組について話題にすることはなくなった。今の人はスマホという小宇宙の中で生きている。スマホは飼い主が見たいものしか差し出さない。ゲームが好きな飼い主にはゲームを、ゴシップが好きな飼い主にはゴシップを。バカはますますバカになる。

フィリピンで果物を売っている商人と日本人の間にある情報格差は、日本人の中でも同様に存在するのだ。

恵まれたこの国に生まれながら、スマホという世界中の情報を知ることができるツールを持っていながら、「意識高い系」などと他人を揶揄し、知ることすら敬遠する愚かな者になってはいけない。

スマホゲームで人生を消費するな。知っているということが、いずれ必ず武器になる。分断された世の中だからこそ、情報を浴び、知を獲得しろ。意識くらい、高く持て。

「意識高い系」はなぜ流行り、なぜ嫌われ、なぜ廃れていったのか。

「意識高い系」ムーブメントを作り出し、無責任に放置している僕は、今改めて考える必要があるのかもしれない。

そもそも僕は本質的に意識が高いわけではない。ストイックに生きてもいないし、世界を良くしようとも思ってない。

ではなぜ一時期、「意識高い系」のど真ん中にいたのか。それは「意識高い系」の構造が当時の自分にマッチしたからだ。

僕を含めた意識高い界隈の人間はすぐに物事を「競技化」しようとする特徴がある。

「競技化」とは、ゴールを決め、ルールを定め、競争させることだ。

ビジネスやプロスポーツは「競技化」されているからこそ競争が生まれ、順位がつく。部活や受験勉強に明け暮れたことがある僕は、この「競技化」の中で戦うのがとても性に合っていた。

同時に、僕を含めた「意識高い系」が嫌われるのは、「儲かるから」という合言葉であらゆるものを「競技化」しようとするからだろう。

ある日、ツイッターでエゴサーチしていたら、「サウナも箕輪にやられたか。自分の好きな界隈にだけは箕輪は来ないでほしい」と書かれていた。

市川海老蔵さんとの歌舞伎プロジェクトの打ち合わせの様子がネットニュースに載ると「箕輪に絡むなと義務教育の段階で教えた方がいい」と書かれていて、さすがに笑った。

自分がただ好きなものを、「競技化」し荒らさないでほしいという気持ちは、今ではよくわかる。僕が文学やサブカル界隈に嫌われているのは、この安易で暴力的な

「競技化」への抵抗があるからだろう。

たとえると公園で目的もなくボールを投げ合っている人たちに「これじゃあ発展しないから、ちゃんとコートを作って、内野と外野に分かれて、ドッジボールにしよう」と勝手に仕切りだす感じだ。

当時の自分が、文化的な人たちに拒否されていた理由がよくわかる。彼ら彼女らにとって「儲かる」は目的ではないのだ。

一方で、「競技化」は何者かになりたい若者にはウケた。勉強やスポーツよりも複雑性が高い社会人生活において、ビジネス書を読み受験勉強や筋トレのように努力すればうまくいくというのは、シンプルで明快なメッセージだった。

しかしながら、競技である以上、みんながみんな勝てるわけではない。箕輪編集室には優秀で意識高い若者がたくさん入ってきたが、のべ５０００人くらい参加し、そのうち突き抜けたと感じるのは30人くらい。１６６人に一人。少なくもないが多くもない。ものすごく現実的な数字だ。

そこに絶望したものたちは、ひろゆきの「成功できる人なんてほんの一部なんで、コスパ良く生きたほうが賢いですよ」という現実的冷笑スタイルに共感した。

スポーツでも、競技ではなく楽しむために身体を動かす人が多くいるように、人生も競技として争うものではないのだろう。

誰も~~行か~~知らない

~~未開を行け~~

「酒ウツ」の正体

第2章
［商売のやり方］
自分の手だけで金を稼ぐな

NewsPicksやCAMPFIREなど最先端のスタートアップ企業と幻冬舎で次々に新しい事業を作り、個人としても「箕輪編集室」という月額５９４０円のオンラインサロンを主宰し１３００名のメンバーを集めている。プロデュースも10件以上手掛けている。メディアで「新しい働き方」として取り上げられる僕の活動を見てよく言われることがある。「幻冬舎って自由な会社で羨ましい」「幻冬舎がインターネットに強くて恵まれましたね」「見城さんみたいな社長の下で働きたかった」。

よし、はっきり言ってやろう。

そんな都合よく世の中を見ている人間はどこに行っても用無しだ。

たしかに社長である見城徹の決断の速さと寛容さによって僕が思う存分暴れられるのには間違いない。しかし、恵まれた環境は与えられるものだと思っているような人間は一瞬にして返り討ちにあうだろう。

僕が入る以前に「幻冬舎は自由でインターネット的な会社だ」と言っている人間など皆無だった。軽やかに副業するムードなどもまったくなかった。会社のド真ん中に見城徹という帝王が君臨しており、見城組のガチンコ文芸編集者が圧倒的集中力で文藝小説を編集するスパルタな会社だった。僕も入社した１日目は「さっきまでここで殺害事件でも起きていたのかな？」と思うような緊迫感がオフィスに流れていて戸惑ったものだ。「幻冬舎の舎は舎弟の舎」という冗談すらある。

そんな幻冬舎に入ってから僕は「自分にしかできない仕事とは何か」を朝から晩まで考え続けた。その仕事で旗印を立てれば、「編集者・箕輪厚介」という固有名詞をブランド化させることができる。僕が入社したことで決定的に変わる何かをしなければ、僕の存在価値はない。幻冬舎はそれまで文芸と芸能のジャンルでブランドを築き上げていた。そこで半端な結果を出したところで意味がない。よく見てみると意外なことにビジネス書にはあまり強くなかった。そこで僕は経済ニュースアプリNewsPicksと協定を結び、「NewsPicks Book」という新レーベルを立ち上げたのだ。

堀江貴文の『多動力』を皮切りに、毎月1冊の書き下ろしビジネス書を出すという無謀な計画を実行に移した。SHOWROOM社長の前田裕二『人生の勝算』、メタップス社長の佐藤航陽『お金2・0 新しい経済のルールと生き方』、落合陽一『日本再興戦略』など、NewsPicks Bookはベストセラーを連発して快進撃を続けた。

朝3時に出勤して6時に入稿。ネーム作りやメール返信はタクシーの中。怒涛のスケジュールの中で走り続けて、創刊1年で１００万部を突破した。ビジネス書年間ランキングの10位以内にも4冊がランクインし、今や「ビジネス書といえば幻冬舎」と言われるほどになった。

ネットを使い切る編集者も僕が初めてだった。インフルエンサーに本を宣伝してもらうとアマゾンの在庫がなくなるのだから、編集者がインフルエンサーになってしまえば最強だ。コミュニティ作りが今後の編集者の仕事になってくるから編集者もオンラインサロンをやるべきだ。本以外のプロデュースもすることが編集者の武器になる。こういった仮説を立て会社に説明した。そして言葉だけではなく数字でも示す。

結果だけを見て「幻冬舎は自由だからできるんだ」としたり顔で言う同業者がいる

と呆《あき》れて何も言えなくなる。ちなみに幻冬舎に入社したときの僕のツイッターのフォロワー数は１０００人もいなかった。僕よりもツイッターを活用している出版人など腐るほどいた。しかし、そこから一気にまくったのだ。どんなに都合よく上手くいっているように見える人でも、実は地道な努力を続けている。すべては線である。

人知れず未開の地を切り拓《ひら》けば、その人は「開拓者」として歴史に名前を連ねられる。月面に初めて着陸したニール・アームストロング船長は「この一歩は小さいが、人類にとっては偉大な一歩だ」という金言を残した。しかし結果が出るまでは実は地味なものだ。誰も見ていてはくれない。結果が出たって「運が良かっただけ」「環境に恵まれていただけ」と言われる。

でも、それでいい。言わせておけ。自分だけがこの苦しみと、苦しさこそが与えてくれる極上の快楽を独占してしまえばいいのだ。誰も行かない未開を行け。

ビジネスにおいて、誰も足を踏み入れていない未開の地を行くことは重要だ。そこにはまだ手つかずの果実がある。気づかれないうちに食べ尽くしてしまえば一気に差がつく。

しかし未開の地ではしゃぎすぎると帰ってこられなくなる。

沖縄の国際通りの裏手はまるでアジアの路地裏のような雰囲気がある。朝10時からやっている立ち飲み屋の足立屋。「ドンドンドンドン、ドン・キ」というご機嫌な歌を聞きながらドン・キホーテ前のベンチでオリオンビール片手に開店の時間を待つ。

足立屋のシステムは「せんべろ」と言って１０００円でハイボールとおつまみ3品が頼める。足立屋のウィスキーはおかしい。身体を重くする何かが入ってる。薬害ウィスキーを流し込んでいると少しずつ人が増え始め、商店街が動き出す。

そのまま、もたれかかるように、りっかりっか湯というサウナに流れる。りっかりっか湯には噴水のお風呂がある。50個くらいの穴からお湯がランダムに放出される。僕はそこに倒れ込んで全身を使ってその穴をガードする。穴をいくつ押さえられるか、その戦いを小一時間繰り返す。

そして、気分がリフレッシュされると、沖縄の生暖かい風で髪を乾かしながらまた夜の飲み屋に消えていく。

翌朝、ひどい二日酔いで缶ビール片手にまたドンキのテーマソングを聞いて足立屋の開店を待つ。延泊に次ぐ延泊。いつまでも抜け出せない無限ループにはまっていく。

そしていよいよ、日常に帰らなくてはいけなくなり飛行機で少し眠り、羽田空港に着く。すると、得体の知れない不快感にドッと襲われるのだ。

「酒ウツ」。血管が「死にたい」「消えてなくなりたい」というネガティブな感情を全身に運んでくる。

これは玉手箱を開けて一気に年をとる浦島太郎と同じ現象だ。浦島は亀を助け、竜宮城に行く。夢のような楽しい時間を過ごし、帰り際に玉手箱を手渡される。村に帰り玉手箱を開けると箱の中からもくもくと白い煙が溢れ、すっかりおじいさんになってしまうのだ。竜宮城で楽しい時間を過ごしていた時、人間の世界ではとてつもない時間が過ぎてしまっていたのだ。

「酒ウツ」もこれと同じだ。楽しすぎる時間は幸せを前借りしてしまっているのだ。酒ウツを計算式にすると［多量の飲酒＋虚栄心＋（加害）－結果＋（太陽＋水＋無邪気な生き物）＝酒ウツの解消］になる。

当たり前だけれど酒ウツの原因は「多量の飲酒」。さらに「虚栄心」。飲みながら自慢したり、偉そうにしたり、はしゃぎすぎたりすること。そしてオプションで「加害」。喧嘩したり、ＳＮＳで暴言を吐いたりしてしまうと加点される。

その酒ウツを打ち消すのが「結果」。人間やはり仕事で結果が出ていたら大体のことは打ち消せる。どんなに酒を飲もうが、その飲み会で大きな商談が決まったりすれば問題ない。

加えて酒ウツ解消に効くのが、「太陽」を浴び、「水」を飲むことだ。そして最後に「無邪気な生き物」。犬や猫、小2くらいまでの子供だ。これが揃うとようやく酒ウツが解消される。

夜の街で働く人は、太陽を浴びられないからチワワを飼うのだ。

幸福相対性理論

カネと感情の
ダークサイドスキル

第2章
［商売のやり方］
自分の手だけで金を稼ぐな

「副業禁止規定なんて確認する必要もない」と言われても、「そんなことできるわけない」と思っている人がいるかもしれない。

しかし幻冬舎だって副業サラリーマンがたくさんいるような会社ではないし、僕は追い込まれた結果、個人で稼ぐようになっただけだ。

基本的には会社も人間も「金」と「感情」で動く。この二つをしっかりとおさえていれば、凝り固まった会社でも前例を変えていくことは可能だ。

オンラインサロン「箕輪編集室」は事後承諾だった。あれよあれよと数百人あつまり、月収の10倍以上もの会費が入ってくるようになった。こんなことは想像もできなかった。「もはや副業というレベルではないな。会社にどう説明しよう」と僕も頭を悩ませた。

僕なりに頓智《とんち》をめぐらせた。社長の見城徹には「箕輪編集室」が幻冬舎にとってもメリットがあることを訴える必要がある。自己満足では人も会社も動かない。

NewsPicksやCAMPFIREとの協業など大きなビジネスは会社単位でしか作れない。書店流通や書籍配送などアナログなインフラはスタートアップ企業が0から作るのは効率的ではない。しかし幻冬舎には25年以上にわたって出版界のトップランナーとして走ってきたブランドとインフラがある。紙とネット。アナログとデジタル。普遍と最先端。この規模のコラボは会社単位でしか起こせない。

しかし、イノベーションは常に辺境から生まれる。若者や変人が隅っこで遊びながらやっている小さいことがいつしか体制を揺るがすものになっていく。会社というのは社員を抱えているから目の前の利益を取りにいかざるを得ない。

「おもしろい」「可能性は感じる」。けれど、儲かるか分からないものにはなかなかチャレンジできない。

そうやって新しい息吹を見流しているうちに、世界のどこかで小さなイノベーションが起こり、黒船として体制側に襲ってくる。そうなったら時すでに遅し。飲み込まれる。

僕は言った。「オンラインサロンは絶対このあと流れが来ます。出版界にとっての黒船になるかもしれない。でも会社でやるとしたらまだ規模が小さいし、やりようもあまりない。だから僕がプレイヤーとして試行錯誤して知見を貯めておきます。黒船が来た!ってなったときに、よく見たら舵を取ってるのは箕輪だってなったら最高じゃないですか」と。見城さんは調子のいいこと言うやつだなと思っただろうが、「そうだな」と笑ってくれた。

実際に、あれから1年たって、オンラインサロンはムーブメントになり、様々な著者がこぞってオンラインサロンを開設している。オンラインサロンをプロデュースできる出版社の社員は日本で僕しかいないだろう。会社員だということを言い訳に動かなければこうはならなかった。僕のこの経験は幻冬舎にとっても資産になり、これから金を生んでいく可能性がある。

さらに箕輪編集室は今ではNewsPicks Bookの書店キャンペーンのパネルをデザインしたり、幻冬舎の本を買い取って販売したり、幻冬舎のビジネスにおいても重要なピースになってきている。僕が一人で外で稼いでいるだけではない。しっかり本業である会社に利益と知見を戻す。ヤクザとマル暴のように持ちつ持たれつのズブズブの関係になるのが理想なのだ。

しかし人間は感情の生き物だ。いくら金で貢献していても、生意気な人間には誰も協力しない。むしろ反感を買う。僕はうまいほうではないが、あくまで同じプロジェクトを進める人には同じ船に乗っているというムードになるように意識はしている。僕の仕事に協力する羽目になってしまった社員は幸か不幸か、誰よりも過酷になる。だからこそ、誰よりも自分が汗をかく、しっかり感謝する、トラブルのときは自分が出て行く。たまにかわいい笑顔を見せる。こいつだったら協力してやってもいいかと思ってもらうことが大切なのだ。よく社内で戦おうとする人間がいるが、勘違いだ。戦うべきは会社の外だ。自分が自由になりたければ、「金」と「感情」をおさえて会社とはズブズブの関係になるのが理想なのだ。

お金を持てば持つほど幸せになれるのか？　周りが年収５０００万の中で年収３０００万を稼いでいたら幸せを感じるが、周りが年収１億円で自分が年収３０００万だと不幸に感じてしまうのが人間だ。

人は何かと比較することによってはじめて、自分の立ち位置を確認する。

幸せかどうかも、自分の過去や、自分の周りと比べて相対的にしか判断出来なかったりする。

「今、幸せか」と聞かれて、幸せだと答えられる人は少ないと思う。僕自身も「幸せそう」とか「楽しそう」とか言われがちだけど、「全然、そんなことないよ」と思うことが多い。

実際、今、土曜日なのに朝からこの本を書いている。首にはロキソニン湿布を貼っていて、足首には痛風という爆弾を抱えている。今、体温を測ったら少し熱があった。しかし、お金もなく時間もなく毎日満員電車に揺られていた生活と比べることで、今は幸せなのかもしれないと再確認することができる。

先週、インドの工場を視察し、いろいろと考えることがあった。朝から晩まで部品をチェックする。私語も禁止でひたすら機械作業。世界中のほとんどの人は生活のために、やりたくもないことを当たり前に受け入れて日々を送っている。好きな人の本を編集する仕事なんて、自分は特殊で贅沢な状況にいるんだなと感じた。

過去の自分や他の人と比べることで自分は恵まれてるんだなとか、幸せなんだなと気づくことができる。一方で自分より上の人と比べてもキリがない。

つまり、幸福を感じるかどうかは、あくまで相対的な比較にすぎない。

この「幸福相対性理論」を逆手にとって、幸福を感じる技がある。

それが「あえてのアウェイ」作戦だ。

第2章
［商売のやり方］
自分の手だけで金を稼ぐな

僕は一年に一回くらいのペースで意味不明なアウェイに飛び込む。

3年前、僕は箕輪★狂介という名で歌手デビューした。田舎のショッピングセンターを10カ所以上回った。若者が全滅したような町でおじいちゃんおばあちゃんにラップを披露した。

その翌年は本田圭佑さんがオーナーを務めるONE TOKYOというサッカーチームに入った。20代の現役選手だらけの中、一人だけ明らかにレベルが違う。練習の日は憂鬱だった。

「あえてのアウェイ」で苦しむことによって編集者という本職に帰ってきた時に、そのありがたみを実感できる。当たり前の仕事が光って見える。

青汁王子が謎に海外の危ない街に繰り出すのも、お金もあって顔もいいがゆえに幸せの迷子になってしまっているからだ。「あえてのアウェイ」に行くことで手元にある幸せの価値を再認識しているのだろう。

数百万するディナーを食べたり、めちゃくちゃ綺麗な女優を見ても「ああ、こんなものか」と思うことも多い。分不相応な幸福は消化できない。幸せを感じるために必要なのは、自分の生活レベルを上げることではない。

むしろ苦手な上司を飲みに誘ってみるとか、あえて大っ嫌いなクラブで踊ってみるとか、アウェイに飛び込むことによって、退屈な日常が輝いて見えるのだ。

社員を奴隷にする
会社は捨てろ

の幸福

第2章
［商売のやり方］

自分の手だけで金を稼ぐな

会社で生きる個人として自由を勝ち取るためには「金」と「感情」をおさえるダークサイドスキルが必要だ。しかし、それが難しいのであれば、そんな会社はさっさと捨ててしまえ。

部屋に子供を閉じ込めて外の世界から遮断すれば子供はいつしか外に出ることすら怖くなり、引きこもり、次第に親にかみつく。子供でも社員でも成長させたいと思うのならば、どんどん外に出していくべきだ。

公務員ならいざ知らず、一般の民間企業が社業規則で副業を禁止するのは、意味が分からない。法律ではそんなことはどこにも定められていない。会社が社員の人生を丸ごと面倒見てくれるわけではない。会社なんて給料をいきなり下げることもあれば、リストラする可能性もある、いつ潰れるかも分からない。そんな不確かな組織に、就業時間外のプライベートな時間まで縛る権利があるわけがない。

こういう会社の経営者は、社員のことを自分の奴隷だと思っているのだろう。この手の会社は視野狭窄《きょうさく》に陥り、いずれ時代に取り残される。

インターネットの出現によって職業や業種による縦の壁はどんどん消滅しつつある。たとえば自動運転が導入されたら自動車からハンドルがなくなる。そうすると自動車は「走る家」のようなものになるかもしれない。そうなったら自動車業界も建設業界も不動産業界も境目はなくなる。2020年に5G（第5世代移動通信システム）が導入されたらほぼノーストレスで電話会議もできるようになる。移動中でもどこでも仕事ができるのであれば、そもそも「移動」という概念自体がなくなる。会社から近いという理由で住む場所を選ぶことはなくなる。すると地方の価値があがる。気候に恵まれていたり食べ物がおいしい地方で人は生活するようになる。そうなれば地方の隠された資産を再発見するコンテンツやサービスが求められる。このように自動運転、５Ｇという技術革新だけをとっても各業界に無限の変化が起き、横の関係で連動していく。

こんな中、鎖国政策を採用していた江戸幕府のように、自分たちだけタコツボ的に閉じこもって一つのビジネスモデルしか知らなければ、世界とテクノロジーの激しい変化には絶対に対応できない。

明治維新期に勇気を出してアメリカやヨーロッパに出て行った留学生のような存在をどれだけ作れるかが経営者の力であり、会社の可能性だ。

岩倉使節団に同行し、世界を見た若き留学生たちがその後の文明開化に貢献したのだ。会社がイノベーションを起こし続けるためには社員をどんどん外に出していくしか方法はない。

僕は現在10社を超える企業・団体とプロデュース契約を結んでいる。さまざまな業態のトップランナーと日常的に接していると、ビジネスの最前線で起きている動きが皮膚感覚で分かる。まったく違う業界で仕事をしている人からヒントをもらい出版業界のこの先の流れを読む。

新しいビジネスを作るうえで何より大切なのは人材だ。テレビや音楽やイベント、ＩＴや広告やコンサル。様々な業界のキーパーソンと常に仕事をしているから、出版以外のビジネスを作るときには、すぐに彼らに相談することができる。

乱世を生き抜くのは、「副業なんて勝手にやれ」と社員を放し飼いにしてくれるフリーダムな組織だ。

変化が速い時代は多様性が力になる。どんな能力が生きるか分からない。社員それぞれが外に出てどこの馬の骨だか分からない骨を咥《くわ》えて帰ってくることが大事だ。

いつ、どの骨が必要になるか分からないからだ。

副業禁止と命令する会社や経営者は世の中のことを分かっていないし、そんな時代錯誤の命令に唯々諾々と従う奴隷社員も終わっている。どっちもどっちだ。

硬直した組織で奴隷労働をやっていたら、社員も組織も時代遅れになり、ある日突然恐竜のように滅びてしまう。

社員を縛り付ける会社なんて今すぐ捨てて、外の世界へ飛び出してしまえ。

僕はかつて「社員を奴隷にするような会社は辞めろ」と言い放ち、副業を始めた。

幻冬舎の社長である見城さんは「自由にやっていい。個人がブランドになれば、いずれ会社の利益になる」と僕を自由に遊ばせてくれた。サラリーマンであっても個人として名を打ち立てて稼ぐ。その走りだったと思う。

そこから5年経った。

しかしながら、僕の後に多くの人が続くと思ったこの流れはそう簡単にはいかなかった。

名物サラリーマンはみんなどこかで会社と折り合いがつかず辞めていってしまった。

２０２１年4月に「日経テレ東大学」というYouTubeチャンネルがスタートした。日本経済新聞社とテレビ東京のコラボで始まった動画チャンネルだ。テレ東の人気番組「家、ついて行ってイイですか？」を手がけた敏腕プロデューサー高橋弘樹さんが演出を担当した。

お堅い日経新聞は動画配信が得意ではない。大きく出遅れた動画配信の世界で、高橋さんは凄まじい活躍を見せた。

ひろゆきや成田悠輔さんを起用して攻めるニュースショーを演出し、日経新聞を辞めた後藤記者を経済情報における池上彰のようにプロデュースした。

驚くべきことに、「日経テレ東大学」はスタートから2年も経たないうちにチャンネル登録者数１００万人を突破した。この数字はものすごい。テレ東の深夜番組なんかより、よっぽど影響力も破壊力もある。

ところが、ひろゆきが「日経」の名を冠する番組で脚光を浴びていることが気に入らなかったのか、成田さんの「高齢者は集団自決」発言が許せなかったのか、元日経新聞の後藤記者がスターになるのが悔しかったのか「日経テレ東大学」は突然終了した。

番組を潰された高橋さんは、２０２３年２月にテレ東を退社して独立した。チャンネル登録者数１００万人の価値がわからない偉い人はチャンネルを潰してしまった。そしてテレ東屈指のデキる人材までも失ってしまったのだ。

人気番組「ゴッドタン」や「あちこちオードリー」を手がけてきた佐久間宣行さんも、リクルートやライブドア、ＺＯＺＯを渡り歩いてきた田端信太郎さんも辞めてしまった。気づいたら好き勝手自由にやっているサラリーマンはほとんどいなくなった。

しかし、僕は何周か回って会社の時代がまた来ると思っている。

「奴隷の幸福」という言葉がある。

人間は何かやるべきことを上から強制されたほうが案外幸せで、何もかも自由にしていいと言われると途端に迷子になってしまうというような意味だ。

人間誰しも自分のやりたいことを発見し、持ち続けられるわけではない。

僕自身、完全に自由にやるよりも、たまに会社に行って、他の部署の人たちと一つのプロジェクトを進めることに、えも言われぬ幸せを感じる。自分の自由のためだけに生きるのも簡単ではない。

宗教、家族、会社など自分より大きなコミュニティに所属し貢献しているという感覚が、人生の無意味さを埋めてくれる。

会社を辞めた田端さんを見ていると、少し寂しそうに感じる。

ブランド~~を稼げ~~

は

~~未来を稼げ~~

地に堕ちてからが本番

第2章
［商売のやり方］
自分の手だけで金を稼ぐな

金を稼ぐだけが仕事ではない。金以外のものを稼ぐことに意識的であれ。

僕はサラリーマンの仕事を誰よりもこなしている。締め切り前になると朝3時ごろに会社に出かけ、たった一人しかいないフロアで必死にゲラに赤字を入れている。当然寝てしまいそうになる。窓を全開にして冷たい風を浴びながら立って作業する。他の社員が出勤してくるころには外に打ち合わせに出かける。死ぬほど働いているだけに時給換算すればアルバイトとそう変わらないかもしれない。

オンラインサロンやコンサルなどの仕事は本業の合間にささっとやっている。時間としては短い。それでも今は本業の20倍ほどの月収がある。時給で比較したら腰を抜かしてしまうかもしれない。

「だったら会社なんて辞めてしまったほうがいいじゃないか」と言ってくる人もいる。だが僕は会社を辞めない。幻冬舎の社員であることのメリットと、外で働くことのメリットを、明確に切り分けて考えているのだ。

なぜ僕が幻冬舎を辞めないのか。会社組織は人材と資金とインフラを抱えている。東京都心の一等地に構えるビルで、デスクや会議室をタダで使える。パソコンやコピー代、タクシー代、バイク便代、切手代も会社が出してくれる。外で著者と打ち合わせするときには、飲み代だって領収書を切れる。新刊を出せば営業部が全国の書店を回ってくれる。デザイン部と広告を作り新聞広告を打つことができる。これだって何百万もかかる。もしフリーランスだったら、これらの費用を自らのリスクで背負わなければならない。

会社員であるメリットはほかにもある。僕が本を作ったあと、書店に一斉に本が並ぶ。幻冬舎が築き上げてきた実績と信頼があるからできることだ。

さらにサラリーマンはノーリスクのギャンブルができる。成功するか分からないビジネスに会社の金を張れる。新しく出す本。ましてやネット企業との提携など当たるか外れるかやってみないと分からない。

できる限り成功確率を上げる努力はするが、最後は覚悟を決めて飛ぶしかない。思いっきりバットをフルスイングする。結果、会社が大損しても家族が路頭に迷うわけではない。しかし、成功したら自分の実績として大いにアピールできる。

幻冬舎の社員であるおかげで、僕はこれらのインフラと人と金、会社が築き上げてきた信頼、そしてノーリスクで勝負する権利を利用できる。利益さえ上げていれば青天井のように使いたい放題。個人では成しえないスケールで動くことができる。

どれほど優秀なフリーランスでもこうはいかない。まだこの国では結局は社員でないというだけで出入り業者のようになってしまう。社内機密は共有できないし、決定権もない。同僚や上司や部下との本物の結束もない。利害一致した人間たちと腹を括って同じ方向に向かわなければ、プロジェクトは成功しない。

これだけの資産が使えるのだ。幻冬舎の給料をゼロ円まで下げられたとしても、僕は幻冬舎に籍を置きたい。いやむしろお金を払ってもいいくらいだ。会社には感謝しかない。会社の文句を言うサラリーマンが僕には信じられない。

つまり、僕は幻冬舎というフィールドで「金」ではなく箕輪厚介という「ブランド」を稼いでいるのだ。幻冬舎の社員としてベストセラーを出し名前が売れることでオンラインサロンのメンバーが増える。プロデュースの依頼が来る。自分の名前でやる仕事が増える。

副業解禁が話題だが、休日に牛丼屋でバイトをして小銭を稼いでも意味がない。それは時間を金と交換しているだけ。本業を頑張って力をつけるのが先だ。

自分はその仕事で何を稼いでいるか明確に言語化すべきなのだ。

僕は幻冬舎では「ブランド」を稼いでいる。1時間50万のコンサルでは「金」を稼いでいる。地方講演はノーギャラだが「未来」を稼いでいる。地方に仲間を作ることは僕がこの先やることで重要な役割を果たすからだ。

これからは、複数の仕事をこなすことが当たり前になる。しかし「金」という軸だけで考えてしまっては多様で厚みのある経験は積めない。自分が金以外の何を稼ぐかポートフォリオを組んで思考せよ。

ブランドを稼げ、未来を稼げ。仕事の最大の報酬はお金ではなくブランドだ。お金は使えばなくなるが、ブランドはなくならない。お金になるかどうかではなく、自分のブランドが上がるかを重視して仕事を選べ。

僕は自分のブランドを上げるために、目先のお金ではなく、それが新しいか、面白いか、難しいかで仕事をしてきた。

ブランドを積み重ねた結果、以前の僕にはありえない出来事が次々と起こった。あこがれの「タモリ倶楽部」に出てタモリさんと共演する。ビートたけしさんと並んで「ＴＶタックル」でコメンテーターを務める。オールナイトニッポンでパーソナリティを務める。ＮＨＫの特番に出演する。雑誌『Pen』や『MEN'S NON-NO』にフィーチャーされる。

学生時代に「ここで起用されるようになったら一流だよな」とあこがれていたものを一通り体験できた。ブランドが高まると勝手にイメージが出来上がる。

すると一流企業から広告や講演会などの案件が舞い込んでくる。1時間、自慢話のような講演をしたり、商品をＰＲしたら１００万円。

半年、1年、長いと2、3年かけて本を作っても赤字になる時もある。それに比べると企業案件は夢のような仕事だ。

しかし、文春砲によって、僕のイメージは真っ逆さまに堕ちた。すると企業案件は一瞬で消える。企業は僕の実力にお金を払っていたわけではなく、イメージにお金を払っていただけなのだ。

結局、自分の地肩で勝負するしかなくなる。

でもガーシーの本を作るのだって、企業案件やテレビ出演を気にしていたらできなかったかもしれない。ブランドが地に堕ちたからこそ自分の本当にやりたいこと、世の中の枠組みからはみ出してしまった人を本にすることができた。

今、僕がもらっているお金は僕の作り上げられたイメージではなく、本来の人間性や編集力そのものに払われている。だから週刊誌に何か書かれても一瞬でなくなるような仕事はない。

メディアに作ってもらったイメージは脆《もろ》い。勝手に肥《ひ》大《だい》化していき、ある一点を過ぎると、爆発して地に堕ちる。

僕の大好きなシェフである鳥羽さんも、そのクマさんのような体形と仏のような笑顔で瞬く間にお茶の間の人気者になっていった。鳥羽さんのイメージにコンビニや企業は飛びついた。しかし、広末さんと不倫をして袋叩きに遭い、その後、暴言を繰り出し企業案件は一気に飛んだ。

僕は鳥羽さんに言った。「おかえりなさい。これで自由になりましたね。料理が美味しいという一点でまた勝負しましょう」と。

ブランドは「デザイン、世界観、機能性」で作られるとよく言われる。

デザインや世界観というイメージはすぐに作られ、すぐに壊される。しかしワークマンの作業服がファッションブランドとして再度脚光を浴びているように、機能性という実力は消えない。

ブランドは一度壊れてからが本当の勝負だ。

帰る場所がある人間にひとは熱狂しない

朝日新聞社やフジテレビの名刺をドヤ顔で差し出す人間がいる。どれだけ会社の肩書きに誇りを持っているのだろう。誇りを持つのはいいが、それはあなたの価値ではない。看板や肩書きで権威づけしているようなつまらない人間からうねりは生まれない。本物の信頼も人間関係も作れない。大事なのは個体としてどれだけ覚悟を示せるかだ。

僕はフリーの編集者ではなく、幻冬舎という組織に所属するサラリーマンだ。しかし幻冬舎という名刺を偉そうに出したり、その看板に隠れたりしたことは一切ない。会社はあくまで個人の集合体だ。会社など関係なく「こんなこと言っちゃヤバイだろう」という意見でも平気な顔で表明する。会社に相談しなければいけない難題も涼しい顔で即決し死に物狂いで辻褄《つじつま》を合わせる。会社の顔色ばかりを窺《うかが》っている人間になど誰も心を開かないのだ。

２０１８年、僕は落合陽一の新刊『日本再興戦略』を編集してリリースした。「今話題のメディアアーティストの最高傑作です。ぜひお手に取ってください。よろしくお願いします」というように、当たり障りのない通り一遍のコメントをするようでは、プロモーションは右から左に抜けて誰も手を叩いてはくれない。

落合陽一は異次元の天才すぎるため、正直言って、担当編集者の僕でも、すぐには発言の意味が分からないことがある。葉巻バーで二人で飲んでるとき、落合陽一がピンセットで葉巻を吸っていた。「なんでバーにピンセット持ってきてるの？」と聞くと「逆に聞くけど、ミノワマンはクマンバチが道に落ちてたときに素手で触っちゃうわけ？」という返答が返ってきた。宇宙人だ。話にならない。

しかし彼のこの四次元な感じと研究者としての圧倒的な実績と教養量。この振れ幅が落合陽一の色気だ。彼の書籍は、注釈や参考文献を読みながらでないと完璧には理解できない。そんな落合陽一の本が軒並みベストセラーになっていく。これはなんだ。もはやある意味でファッションなのだ。彼の生き方と言語感覚、ヨウジヤマモトに身を包むその出で立ちまでが今の若者にとってカッコいいのだ。

僕が運営する「箕輪書店」というオンラインショップで「もはや僕も分からない。落合陽一はファッションだ。しかしファッションでしか世の中は変わらない」というコメント付きで、落合陽一の新刊『デジタルネイチャー　生態系を為す汎神化した計算機による侘と寂』（ＰＬＡＮＥＴＳ／第二次惑星開発委員会）を販売したら定価２８００円の難解な学術本が２００冊一晩で完売した。「難解でよくわからないところも多いけど、落合陽一の言葉には中毒性がある。この感覚でいいんだ」と言う読者の正直な気持ちに寄り添えたのだ。サラリーマン編集者は、作家先生の気分を害してはいけない、会社に迷惑かかると恐れて無難な発言しかできない。それでは世の中は付いてこない。

広告代理店やＰＲ会社の社員は、トヨタやホンダが新しい車を発売したときに「正直、今回は一つ前のモデルとたいして変わってません」とは口が裂けても言えない。腹の中でそう思っていても、グッと思いを噛み殺すに決まっている。

僕はそれを口に出す。「ホリエモンの本は世の中にあるホリエモンの発言をさっとまとめたコピペ本だ。『多動力』なんてほとんど僕が書いている」と言ってしまう。この僕の発言はネットニュースにもなって大きく報道されてしまった。しかし、それで本の価値が下がったり読者が逃げたりはしない。ホリエモンも怒らない。消費者は会社や大人の都合から出た言葉では動かない。むき出しのリアルを求めているのだ。

いくら予算がかかるか分からない企画であってもその場で「やりましょう」と即決する。「一度持ち帰って会社と相談します」などとは口が裂けても言わない。サラリーマンであっても、個人としての覚悟を示すからこそ相手が信用してくれる。告白した相手に「一度お母さんに相談する」と言われたら冷めるだろう。トラブルが起きたときに「上司に相談します」と言わず「僕が何とかするんで余裕ですよ」とその場で返す。あとでつじつまを合わせればいい。お前はどれだけ覚悟を持っているのか。それだけを人は見ている。会社の看板など関係なく個人として生きているかを問われるのだ。

帰る場所がある人間にひとは熱狂しない。5年前の僕の言葉だ。

個人として力をつけて、弱肉強食の時代を勝ち抜け。自分のやりたいことを見つけ、自己責任で走り抜けろ。

僕自身、本気でそう思っていたし、今でも仕事論としては正しいと思っている。

新自由主義の権化の一人と批判されることもあるが、世の中なんて自由競争以外にあるのかよと思っていた。

生半可なやさしい言葉をかけて甘やかすなら、きつい言葉で成長を促すほうが愛がある。

僕は自らサラリーマンという社畜の囲いを壊し、自分に続けと周りを先導した。常識や会社に縛られた思考停止の群れから出て、未来に向かって走れと本を出し続けた。人生を自分の手で切り開くんだというメッセージは熱狂を生んだ。が、そこまで広がり切らなかった。

社畜の小屋から出たら出たで、競走馬として競争させられ、ほとんどのものは負けて行き場を失う。

昨年、サウジアラビアのメディナに行った。

サウジアラビアは最近、観光客の受け入れを開始したばかりの国で、インターネットにもほとんど情報がなかった。

もちろん日本人は自分たち以外に見当たらない。

予約していたホテルにチェックインしようとすると、「君たちはイスラム教徒か？」と聞かれ、違うと正直に答えると宿泊を拒否されてしまった。

そこから数時間、どうにか交渉し、ホテルの部屋に入った時にはすでに日付が変わっていた。すぐに寝たかったが、外には祈りの声が響きなかなか眠ることはできなかった。

翌日、町を歩いていると、定期的に祈りの時間が来る。合図のように大きな音が町中に鳴り響くと、仕事中だろうが接客中だろうが、みな手を止めて、大聖堂に向かって歩き、小一時間お祈りをする。それが一日に5回もある。その間、当然町は止まる。

これじゃあ仕事にならないだろうな、と思った。つまり、大変だろうなと。

しかし、サウジアラビアの人の顔を見ていると、それは僕の思い込みだと気づいた。

僕は当たり前のように、自分のやりたいこと、自分の仕事が大切なのだと思っていた。

しかしイスラム教徒の人たちにとっては、自分がしっかりとお祈りできていることが何よりも重要なのだ。

神に対して自分がどうあるかを自分の命くらい大切にしていて、誰かとビジネスで勝つとか負けるとかはあくまで自分の人生の一部に過ぎない。

最初は違和感を覚えたが、ある意味で、これは幸福なのではないかと思った。自分のやりたいことがあろうがなかろうが、ビジネスで勝とうが負けようが、それよりも大きな概念として宗教がある。帰る場所がある。

日本にはほとんど宗教がない。「お金」という宗教をただ信じ競争を続けていく。

不毛な競争をしないためには「帰る場所」が必要なのだ。

第3章

［個人の立たせ方］

名前を売~~れ~~

ると

叩かれる

自分が何者か、何をやっているか
明確に答えられる人間であれ。
自分の名を売れ。ブランドに人
も金もついてくる。
最初はハッタリでいい。ハッタリか
まして伝説を作れ。

ヒーロー
インタビューを
想像せよ！

前のめりポリスに
注意

第3章

［個人の立たせ方］

名前を売ると叩かれる

実力だけで何者かになれるなどという甘い考えは捨てたほうがいい。

実力がある人間など世の中に掃いて捨てるほどいる。しかし、上位1%の本物の天才以外は代えの利く存在だ。「実力よりも評判」「売上げよりも伝説」。極端に言えばそんなパンクな生き方をする人に大衆は魅せられる。

僕より編集という技術が上手い編集者などごまんといるだろう。しかしムーブメントを起こし熱を生むことができる人はほとんどいない。

自分の手で現象を起こす人間になるためには、結果を残すと同時に自ら伝説を打ち立てなければならない。「ブランド」に人も金も付いてくるのだ。

それを目立ちたがり屋だとか揶揄するのは本気で仕事をしたことがない甘ちゃんだ。

ＡＫＢ48を見てみろ！ 歌にダンスに精を出すのなんて当たり前。あの大人数の中でいかに個として突出するか、みんな戦略を持って戦っている。自分にキャッチコピーを付ける努力をしている。

○○の営業マン。○○のデザイナー。なんでもいいが、○○というキャッチコピーが自分とその他大勢を分けるのだ。実力だけが分けるのでは決してない。

メジャーリーガーは、試合で活躍しヒーローインタビューをされる自分の姿を事前にイメージするそうだ。

編集者になりたての、誰も僕のことなんか知らない時代から僕は「メディアが取材にやってきたときのオレ」を想像してニヤニヤしていた。

与沢翼の『ネオヒルズ・ジャパン』を作ったときには、表紙の写真をレスリー・キーに撮ってもらうまでの攻防戦に冷や汗をかきながら「この裏話は雑誌のネタになるな」とほくそ笑んでいた。

格闘技やサブカルチャーを深掘りし、バックステージで起きている楽屋裏の内輪話を深掘りする『KAMINOGE』という僕が愛読していた雑誌がある。

絶対『KAMINOGE』はこの手の話が好きだろうと思って、僕はレスリーの撮影が終わるとすぐにKAMINOGE編集部にメールを送って自分を売り込んだ。すると「その話をすぐ聞かせてほしい」と打ち返しがあり、僕は「若き敏腕プロデューサー」として全8Pのロングインタビューで紹介されたのだ。

『KAMINOGE』はマニアックな雑誌だがテレビプロデューサーや編集者など業界の中にファンが多くいた。それ以降「若き敏腕プロデューサー」ということで評判が立ち、仕事も人間関係も広がっていった。

見城徹『たった一人の熱狂』を作ったときもそうだ。

本を一冊も作ったことがない新人編集者が伝説の編集者・見城徹に手紙を書き執筆依頼し一冊のベストセラーを作る。このストーリーは絶対に記事になる。そう確信しながらSNSでその姿を発信していた。すると案の定「大物を口説く方法」という名目でのインタビューが何本も立て続けに僕の元にやってきた。その頃は一発屋芸人のようにあらゆるメディアで大物の口説き方を語っていた。それ以降僕は「大物を口説く若手編集者」として有名になっていた。

「自分の名を刻むまでが仕事だ」と僕はよく後輩や箕輪編集室のメンバーに言う。

第3章
［個人の立たせ方］
名前を売ると叩かれる

秋元康、見城徹、藤田晋、堀江貴文、西野亮廣《あきひろ》など錚々《そうそう》たるゲストが揃う1000人規模のイベントを箕輪編集室で主催した。初めての大型イベントということもあり、予想外のトラブルが連発した。作業は熾《し》烈《れつ》を極め、メンバーは不眠不休でふらふらになりながらもイベントを成功させた。

しかし、直後に僕はイベントリーダーに言った。「成功するまでにどんな苦しいことがあったのか、今すぐにおもしろおかしくブログに書いたりインタビューを仕込んで、自分の名前を売ったほうがいい」

イベントを上手に仕切る人などいくらでもいる。この人にプロデュースしてほしいという存在にならなければ意味がない。そのためにはヒーローインタビューまでしっかりと仕込み、そこで大いに伝説を語らなければいけない。

逆説的にだが、ヒーローインタビューまで想定して仕事をすれば、生半可なことはできなくなり、一つ一つの行動が変わる。そして、それが実際の伝説を呼び起こすのだ。

伝説を伝えるまでが仕事である。

2023年。夏がまだ始まらない。僕は2023年の夏に勝負をかけていた。腹筋を割って海やプールではしゃごう、同時に自分の本を2冊刊行して最高の夏にしようと虎視眈々と企んでいた。

計画は完璧だった。7月からが夏の始まりだとすると6月末までにダイエットをしておく必要がある。自分は怠け者の性格だから、目的がないとトレーニングをサボってしまう。

6月24日に格闘技の試合を入れた。出版界の敵である星野ロミを対戦相手に指名し、週5でキックボクシングの練習を入れた。みるみる体重は落ち続け、マイナス5キロ。そして最後の水抜きをしてマイナス7キロまで持ってきた。

試合当日はそれまでのダルダルな身体から変化した肉体でリングに立ち、ワンラウンド1分30秒、右フックを叩き込み星野ロミをＫＯした。

２０２３年。箕輪の夏が完璧な形で幕を開ける。誰もがそう思った。

その数日後、僕の右足首は悲鳴を上げた。

風が吹くだけでも痛いと言われる痛風。1年ぶり、3回目の痛風。

痛風発作は、体が水分不足になって血液が濃くなり、尿酸の濃度が上昇すると起こると言われている。肉や魚、アルコールも控えるべきだ。

キックボクシングで大量の汗を流し、ジムの隣にあるサウナでさらに汗を流す。血液が限界まで濃くなっているところに、肉や魚と酒を流し込む。

僕は痛風という死刑台への階段を一目散に駆け登っていたのだ。

でも僕はうすうす勘づいていた。大体そういうものだということを。

第3章
［個人の立たせ方］
名前を売ると叩かれる

またお前かと、空を見上げた。「前のめりポリス」。

今までの人生でも、なにか期待しすぎて前のめりになると必ずガッカリする結果になっている。逆に全く期待してない時のほうが、自然体の状態のほうが、思わぬご褒美をもらえる。

ガーシーも言っていた。モテる男の条件は「ガッツかない人」であると。

今日は絶対女の子をゲットしてやるという人より、「今日は用事があるから帰らないと」みたいな男の方がその体重の乗ってなさが余裕に見えてモテたりするのだ。

僕は明らかにこの夏に前のめりになっていた。

「前のめりポリス」は、これ以上モチベーションの差によって格差が拡大しないように、前のめりになっている人間を取り締まっているのだ。

いかに、やる気のないふりして、「前のめりポリス」の目を盗むかが全てになっている。

やっぱり宮迫さんよりリリー・フランキーのほうがモテる。ＧＯ三浦より小山薫堂の方がモテる。

もう前のめるのはやめた。何も期待してないし、ガッツかない。腹筋は割らないで自然な猫背を身につける。

だからもう僕の夏の妨害はしないでほしい。

恥をか~~け~~いて、血を流~~せ~~してるつもり

ツイッターのフォロワーが4万人を超え、「ツイッター見てます」と街で声をかけられることも多くなった。一方で編集者は黒子であるべしという伝統を守っている同業者からは「タレント化したがる編集者」と陰で揶揄されている。

僕は4年ほど前、広告部から編集部に異動して初めてツイッターの可能性に気付いた。編集者が本を売る手段は新聞広告くらいしかない。書店に並んだら最後、手を合わせ売れることを祈るしかない。そして、結果的にほとんどの本は誰の目にも触れずに返本される。先輩編集者たちは「本が売れなくなった」「内容はよかったんだけどな」などと、特に悔しがるわけでもなく呟《つぶや》きながら、会社の経費で酒を飲む。

その光景を見て、あまりかっこよくないなと思った。僕は僕の手で売れるか売れないかにしっかりと関与したい。結果はどうであれ、神頼みはしたくない。しかし新聞広告は金がかかるし、テレビ局への伝手《つて》もない。編集者になりたての僕はＳＮＳに頼るしか方法がなかった。

僕が作った本のことを堀江貴文やイケダハヤト、はあちゅうといったインフルエンサーがツイートすると如実にアマゾンランキングが上がった。

1冊でも本を売りたいと必死だった僕は朝起きた瞬間から眠りにつくまで、いかに彼らに僕の本のことをツイートしてもらうかを考えていた。

スマホに張り付き、釣り人が浮きを見るように24時間体制でインフルエンサーの動向を観察していた。どんな話題なら彼らがリツイートしてくれるか考え尽くした。次第にそれぞれのインフルエンサーの起床時間やツイート数が増える時間帯も記憶していった。

そして気付いた。これって俺自身がインフルエンサーになれば最強なんじゃないだろうか。物が溢《あふ》れる時代。もはや物を選ぶこと自体に疲れる。自分が信頼する人のおススメを選ぶようになるのは時代の必然だ。インフルエンサーの力はどんどん強くなるに決まっている。

さらに、これから物を選ぶ基準は「物語」になる。安くて良い物は溢れている。だから、機能としてのＴシャツはユニクロで十分だ。あえてＴシャツを選び取る理由は、Ｔシャツのデザイナーの生き方が好きとか、何かメッセージを代弁しているとか、そこに込められた物語の部分、制作者の顔でしかない。

特に本などのコンテンツは機能や値段では選ばない。その裏にどんな思いがあるか、誰が編集しているかまで込みで買うか決めるようになる。

TSUTAYAの映画コーナーが監督名でＤＶＤを並べているように、これからは書店も編集者名で本を並べるようになるかもしれない。そう思った。

「箕輪さんが編集したなら買う」という存在になるしかないと考えた。

だからツイッターでは本の宣伝だけではなく、自分の人間性を丸出しにして、人生丸ごとさらけ出していくことに決めたのだ。箕輪の生き方が好きだ、共感する。だから彼が編集した本を読みたい。そうなるしかないと確信した。

やってみれば分かるが、フォロワーはそんな簡単には増えない。

ツイートにオリジナリティがなければ赤の他人をフォローしようなどと誰も思わな

第3章
［個人の立たせ方］
名前を売ると叩かれる

い。だから他の人間が言わないようなことを言わなければいけない。しかし、それが単なる言葉だけであっても見透かされる。SNSでは嘘は付けない。つまり、誰も言わないことを言えるようになるために、誰もやっていないことに挑戦し、誰もしてない経験をし、誰も成しえてない実績を作らなければならないのだ。結局、自分は何者で、何がやりたくて、今何をしているか。自分という者が激しく問われる。そこに共感が生まれればフォロワーは増えていき、ビジネスにおいても熱烈な支持者になる。

僕が数年前にこれからは書店に編集者の名前で棚ができると、あるコラムに書いたとき、だれも本気にしなかった。しかし、いま全国の書店で僕の写真が飾られ僕の編集した本が並んでいる。ここまでなると目立ちたがり屋だのと批判され、会ったこともない人間に喧嘩《けんか》を売られる。しかし編集者は黒子などというのは、ほとんどの場合自分が血を流さないための言い訳でしかないと僕は思う。著者は血を流している。裏側の人間が自分という人間を丸出しにしなければ、モノなんて売れない。

編集者は黒子だなどと言っている時代じゃない。

SNSで自らの顔と名前を出し、本をプロモーションする。僕が新しい編集者の時代を作ってるんだ。僕が斬新なスタイルを発明したんだ。そう思っていた。

しかし、それは勘違いだったのかもしれない。

よくよく振り返ってみると、人が時代を作ってるのではなく、時代が人を作っているように見えるのだ。

例えば時代を作ってきた起業家を世代ごとにザックリと見てみる。

１９７０年前後に生まれた楽天の三木谷浩史さん、サイバーエージェント藤田晋さん、ホリエモンはインターネット通販、ポータルサイト、ブログなど生活の基盤となるサービスを展開していった。

これはまだインターネット事業が創成期であったため、インフラに近い大きなサービスが空いていた時代だからだろう。

そこから１９７５年前後の世代はmixiの笠原健治さん、2ちゃんねるのひろゆきさん、GREE田中良和さん、ドリコム内藤裕紀さん、ペパボ（現キャンプファイヤー社長）家入一真さん、ウノウ（現メルカリ社長）山田進太郎さんなど多くの起業家が生まれ、ネット掲示板やソーシャルゲームを展開していった。

これは家でパソコンの前に座りインターネットを楽しむというスタイルが一般化していった時代だからだろう。

その後の１９８０年前後の世代はピクシブの片桐孝憲さん、STORESの光本勇介さん、nanapiのけんすうさんなどが、イラストやノウハウの投稿サイト、個人商店の開設サイトなどを作っていった。

これはインターネットがより身近になり、個人のクリエイティビティや細かなニーズをキャッチしたサービスが求められ始めた時代だったからだろう。

そこから１９８５年前後の僕の世代はメディアアーティスト・落合陽一さんやSHOWROOM前田裕二さん、メタップス佐藤航陽さんなどがスマホアプリを展開したり、自らメディアやＳＮＳで発信し個人に対して影響力を持った。ビジネス芸人などの呼び名が誕生したのもこの時期だ。

これはスマホが普及しツイッターなどのＳＮＳが盛り上がった時代だからだろう。

そして下の世代を見てみるとWeb3などインターネットの次の形を模索している一方で、ヒカルくんや朝倉未《み》来《くる》などのインフルエンサーが起業家っぽい動きを見せていて、エンタメとビジネスの境界が溶けている。

これはＧＡＦＡＭに代表される世界的スタートアップがプラットフォームを完全に押さえ、既存のインターネットにフロンティアがない一方で、YouTubeやTikTokが普及し個人の影響力でビジネスができるようになった時代だからだろう。

比べるのもおこがましいが、編集者でも、角川春樹さんは映画の時代に映画で本をヒットさせ、見城さんはテレビの時代にテレビで本をヒットさせた。僕がＳＮＳの時代にＳＮＳで本をバズらせるのは、時代の大きな流れの一つだ。

僕は自分の意志で時代を作っているつもりになっていたが、実は時代という大きな脚本の中で役を振られていただけなのだ。

風呂敷~~を広げる~~は畳まれない

NewsPicksアカデミアやCAMPFIREとのジョイントベンチャーなどの新会社立ち上げ、箕輪編集室での箕輪書店やシェアハウスなどの企画。

本の編集者でしかない僕がなぜ、次から次に荒唐無稽なアイデアを実現できるか。

それは、僕が何もやっていないからだと言える。

僕は大きなアイデア、理想的な世界を言うだけ。大きくて華やかな旗を立てる。あっちに宝があるから大きく舵《かじ》を切れと叫ぶだけ。

すると、頭がいい人たちや詳しい人が集まってきて、地図を広げながら、そのアイデアや世界を実現するための方法や数字としての裏付けを考えてくれるのだ。

イノベーションの最前線には「風呂敷を広げる人」と「風呂敷を畳む人」がいる。もっと言うと、「風呂敷広げ人」と「風呂敷畳み人」の双方が揃わなければ、アイデアは爆発的な成果へと結実しない。

高校時代、文化祭やお祭りの時期が近づくと、誰よりも早く手を挙げて突拍子もないアイデアを叫ぶお調子者がいたはずだ。

「風呂敷広げ人」とは、要するに人々を「この祭りに参加してみよう」と煽り駆り立てるお調子者だ。風呂敷のサイズが大きければ大きいほど、祭りの規模は大きくなる。大風呂敷を畳むギャラリーが多ければ多いほど、広がりを見せた祭りはフィニッシュに向かって完璧に回収される。

「風呂敷広げ人」は現実的なことはあまり考えてはいけない。

成功する企業には感情で動くアーティストと数字で動くサイエンティストがいると

言われるが、アーティストが数字のことまで考え出しては、ビジネスは大きなものに昇華しない。これ絶対おもしろいからやりたい！と言う無邪気な人間と、でもそれって儲かるの？と言う冷静な人間の二人がいて、現実のプロジェクトは進み始める。

箕輪編集室には多様なメンバーが揃っている。それが強みだ。まるでキャンプのように、魚を釣ってくる人、料理をする人、ただ酒を飲んで周りを笑わせる人のように多様なメンバーがいて助け合ってプロジェクトを進める。

僕という風呂敷広げ人の思い付きのコンテンツを、ライターチームが記事にしてPRチームが拡散し、デザインチームがデザインし、動画チームが動画を作り、経理チームが数字を締める。

「風呂敷広げ人」は何もしない。周りをワクワクさせ、巻き込むことができればいい。だから夢が大きいバカがいい。しかし、まだ何者でもない人間が大風呂敷を広げたところで、誰も畳みに来てはくれない。

「この人のプロジェクトに参加してみたい」「この風呂敷を畳む一人として、祭りに参加してみたい」。そう思わせる力がなければ、人は誰もついてきてくれない。

だから誰だって最初は自ら風呂敷を広げて、自ら畳むのだ。僕だって最初は自分が広げた風呂敷を自ら畳んでいた。なんの実績もない新人編集者が広げた『ネオヒルズ・ジャパン』のような怪しい風呂敷は、誰もなかなか畳みに来てはくれなかった。

僕はあのころ、スタッフの経費精算から契約書の作成まで苦手な業務もすべてやっていた。最初は誰だって過酷で孤独だ。手漕《こ》ぎのボートをせっせと漕がなくてはいけない。しかし、手漕ぎボートではるか遠くの宝の島に巡り着いたその姿を周りは目撃しているのだ。

「風呂敷広げ人」になりたければ、この人の風呂敷だったら畳みたい。今までの彼の行動から考えて、今回もかならず大きな夢を見られるはずだ、とワクワクさせることができないといけない。もはや人はお金では動かない。夢を見させられる言葉と実行力、そして何より本人が楽しそうにしていることが大切だ。

海賊船の船長のように、飲んだくれていてもいい。突如として「あの島に宝が眠っている」と叫び、こいつが言うのだったら多分本当に宝がある。たとえ、なくても楽しそうだと思わせることができるかどうか。トラブルはかぶる。この人のためなら集まろうとみんなに思ってもらえる人間かどうか。

風呂敷広げ人は何もしなくてもいい。目をキラキラさせて「宝がある」と叫べ！乗組員に夢を見させる愉快な船長であれ。

僕は「風呂敷広げ人」という言葉を生み出した編集者として少し責任を取る必要があるのかもしれない。

『死ぬこと以外かすり傷』を出版した当時、まるで取り憑かれたように、とにかくそこら中に風呂敷を広げまくっていた。

旗振り役の僕が大風呂敷を広げると周りは熱狂して物事が前に進む。一人では実現不可能な大風呂敷が、集団の力によって形になっていく。

10代のころの学園祭や部活のノリで楽しい。

特にＳＮＳ時代は大きな風呂敷を広げる人に周りは熱狂する。その熱狂が注目を呼び、お金も集める。クラウドファンディングなどを最大限に活用し次々にプロジェクトを立ち上げていった。

しかし、副作用はある。その様子を見ていたサロンメンバーやＳＮＳのフォロワー、読者たちも僕の酔狂な風呂敷術を表面だけなぞって真似していった。しかしながら現実はそんなに甘くない。多くの場合、風呂敷が広がることもなく人知れず終わる。

風呂敷を広げるには、まず自分が夢中になれる分野で圧倒的努力をして自力を積むことが必須だ。2、3年寝ないで努力をすればそこそこの存在にはなれる。その上で少しだけ背伸びをして、自分のステージを上げていく。

周りが出せないような結果を出し、一定の信用が溜まった状態で、自分の中では確信が持てるが、部外者にとっては無謀に見える大きさの風呂敷を広げる。そして小さな伝説を作り、少しずつその風呂敷を大きくしていくしかないのだ。

それなのに僕は「考える前に飛べ」というキャッチコピーで煽り続けた。この言葉はウケた。

みんな考えることが一番面倒なのだ。結果、多くの広がることもなかった風呂敷が

SNSの海に捨てられた。

第3章
［個人の立たせ方］
名前を売ると叩かれる

起業家にとっては、風呂敷を広げることがもっと重要だ。

最年少上場する！　イーロン・マスクを超える！　GAFAMを倒す！　ビジネス芸人ブームとは大きすぎる風呂敷を広げたい放題にした時代でもあった。

そこに一枚噛みたいものや、失敗を嘲笑《あざわら》いたいものが次から次に集まる。

夢の不足した時代に夢を語れる人間は貴重だ。メディアも新時代のスターのように持て囃《はや》す。

そして、僕のような無責任な編集者が「どんどん露出していきましょう！」と声をかけ、一気にブレイクまで駆け上がる。成功する前から特別扱いされ、行く店も付き合う人もどんどん変わっていく。

会社が上場する前に個人として有名になっていく。

しかし、スタートアップはほとんど失敗するし、企業の成長には時間がかかる。自分一人が努力してどうにかなるものでもない。

「速く行きたければ一人で行け、遠くへ行きたければみんなで行け」という言葉があるが、速く行きたくなったものたちの畳まなくなった風呂敷が西麻布の交差点に捨てられた。

99％の風呂敷は畳まれない。

教祖になれなかった

箕輪のやっていることは信者ビジネスだと批判されることがある。
「箕輪の本は信者が買っているだけ」「箕輪のオンラインサロンは信者を集めているだけ」。

しかし誤解を恐れずに言えば、これからのビジネスはほとんどが宗教化していくと思っている。信者を集めることができなくてモノを売ることなどできない。

その背景は人が孤独になったことと、物質的に満たされたことの2つだ。

人はスマホによって孤独になった。スマホという小宇宙によって、人は自分が好きなものしか見ないようになった。その結果、好みや生き方が凄まじい勢いで細分化した。スマホから顔を上げると、周りは自分とは違う世界の住人ばかりだ。

テレビという画面の前に家族仲良く座っていた10年前のように、学校や会社に行けば昨夜のドラマの話題をみんなでするということはなくなった。今では同じ会社の隣の席の人でも、何が好きかどうかわからないというのが普通になった。

人は多様になった。悪いことではない。しかし、その結果として人は孤独になった。好きなものを語り合い、同じ想いを共有する場所がなくなったからだ。

そこで生まれてきたのがオンラインサロンをはじめとするネット上のコミュニティだ。会社や学校など物理的に近い人とのコミュニティが解体された一方で、ＳＮＳなどによって、同じ趣味や価値観を持つ人と、距離を超えて繋がりやすくなった。

僕のオンラインサロン「箕輪編集室」で言えば、「死ぬこと以外かすり傷」というスローガンに共感できる人が１３００人集まってライティングやデザイン、動画制作などのクリエイティブな活動をしている。

僕のファンクラブではない。僕はあくまで「死ぬこと以外かすり傷」という言葉をリアルな世界で体現している象徴にすぎない。箕輪厚介のオンラインサロンに入会する時点である程度の共通性が担保される。NewsPicks Bookが好き、新しい技術が好き、何かモノを作りたい。そういった価値観を持っている人が社内では見つからなくても、箕輪編集室にはうじゃうじゃいる。

オンラインサロンは何か具体的な物質を買う場所ではない、僕の言っていることややっていることに共感できるという人たちが集まるという空間を提供しているだけだ。だからはたから見ると、宗教のように見えるのだろう。

しかし、これからはあらゆるビジネスが思想を売るようになる。AppleもFacebookもトップであるCEOが会社の理念を丁寧に説明している。日本のZOZOやメルカリも同様だ。

実現したい世界や大事にしている想いを表明し、共感する社員を集め、モノを作り、お客さんの支持を得る。

衣食住という最低限なものが満たされて豊かになると、人は物質的な価値ではなく、想いで動くようになる。

『モチベーション革命』(尾原和啓《かずひろ》著)で紹介されているが、達成・快楽・没頭・良好な人間関係・意味合いという5つの欲望のうち、高度経済成長期の人はまえの2つ、今の30代以下はうしろの3つを重視している。分かりやすく言うと昔は金を稼いで高いワインで美女と乾杯するのが幸福だったのが、今は自分が意味を感じることを、好きな人たちと、ただ没頭することに幸福を感じるのだ。

そういう人に対して時価総額世界一と言っても共感は得られない。金ではなく、意味合いに共感してもらい、同じ価値観を持った人と、没頭してもらうしかないのだ。NewsPicks Bookも箕輪編集室も情報や物質を売っているわけではない、思想を売っているのだ。そこに共感する人たちが集まってコミュニティ化している。周りから見れば信者のように見えるかもしれないが、それは間違っていない。

ただ宗教と違うのは多様な意見が受け入れられて、出入りが自由だということだ。もはや品質が良いものや安いものを作っても意味がない。そんなものはもう消費しきれないほど世の中にある。

実現したい世界や価値観を表明し、体現する。多くの批判と世間からの返り血を浴びながら、それでも共感してくれる人を集め、巻き込んでいく。そんな教祖力を持った人がこれからの時代を作っていくものだと思っている。

『死ぬこと以外かすり傷』の帯には「こっちの世界に来て、革命を起こそう」とある。そしてNewsPicksの当時のキャッチコピーは「さよなら、おっさん」。

僕たちは確信犯的に分断を煽り、それによって半ば強引に日本を前に進めようと考えていた。しかし当たり前だが、変化の速い時代は世代交代も速い。

ある日、本屋を歩いていると、若者のカリスマであるコムドットやまとさんの新刊がドドンと並んでいた。そのタイトルは『聖域』。そして帯には「遅ぇよ時代。」。「怖い……」と思った。「箕輪、遅ぇよ」と言われてるような気がするのだ。

そんなコムドットのメンバーの一人がイベントに出店していた僕のラーメンを食べにきてくれた。するとその日のうちに、やまとさんからツイッターでDMが届いた。

僕は恐る恐るDMを開いた。

コムドットやまと。バズることが全て。そのためにはどんな手段も厭わない。チャンネル登録者数こそが人間の価値だと考える冷徹なるインフルエンサー。フォロワー数の代わりに大切な何かを失った新世代。

「はじめまして　コムドットのリーダーのやまとです　うちのゆうたがお世話になりました」

「や、やさしい……」

おっさんは安心した。そして一瞬でファンになってしまった。時代遅くてごめんなさい。おっさんのせいかもしれないね。

「さよなら、おっさん」と言ってた僕は、驚くべきスピードでその「おっさん」になってしまっていたのだ。

かつて一世を風靡したビジネス芸人仲間の明石ガクトのラジオにお邪魔した。そのお礼に、奢るからメシでも行こうと言われた。

「二人だし恵比寿横丁とか適当に行って飲もうか」

「おいおい箕輪。俺らが『エビ横』なんて行ったら人が集まって大変なことになっちゃうよ」

若者たちで賑わう「エビ横」。明石さんは少し顔を隠しながら席に座る。しかし一向に誰も集まらない。こっちを見ようともしない。若者の中で不自然に浮く歯茎とロン毛のおっさんペア。

明石さんは少し恥ずかしそうに「このポテサラうまいよ！」と勧めてくれた。2時間くらい飲んでそろそろ帰ろうかという時に二人の若者が近付いてきた。

明石さんは「やっぱ来ちゃったよ」と迷惑そうな顔を作った。あからさまに嬉しそうな笑みを浮かべる動画の教祖。

すると若者は「箕輪さん写真撮ってください」と言って明石さんにスマホを渡した。あの時の明石さんの顔は二度と忘れないだろう。もう誰も僕らを教祖だと言うこともないし信者が集まったりもしないのだ。

「追伸、かつて煽ってしまったおっさんたちへ。

ご無沙汰しております。革命は一切起こりませんでした。そして、こっちの世界もすぐに塗り替えられてしまいました」

第4章
[仕事のやり方]

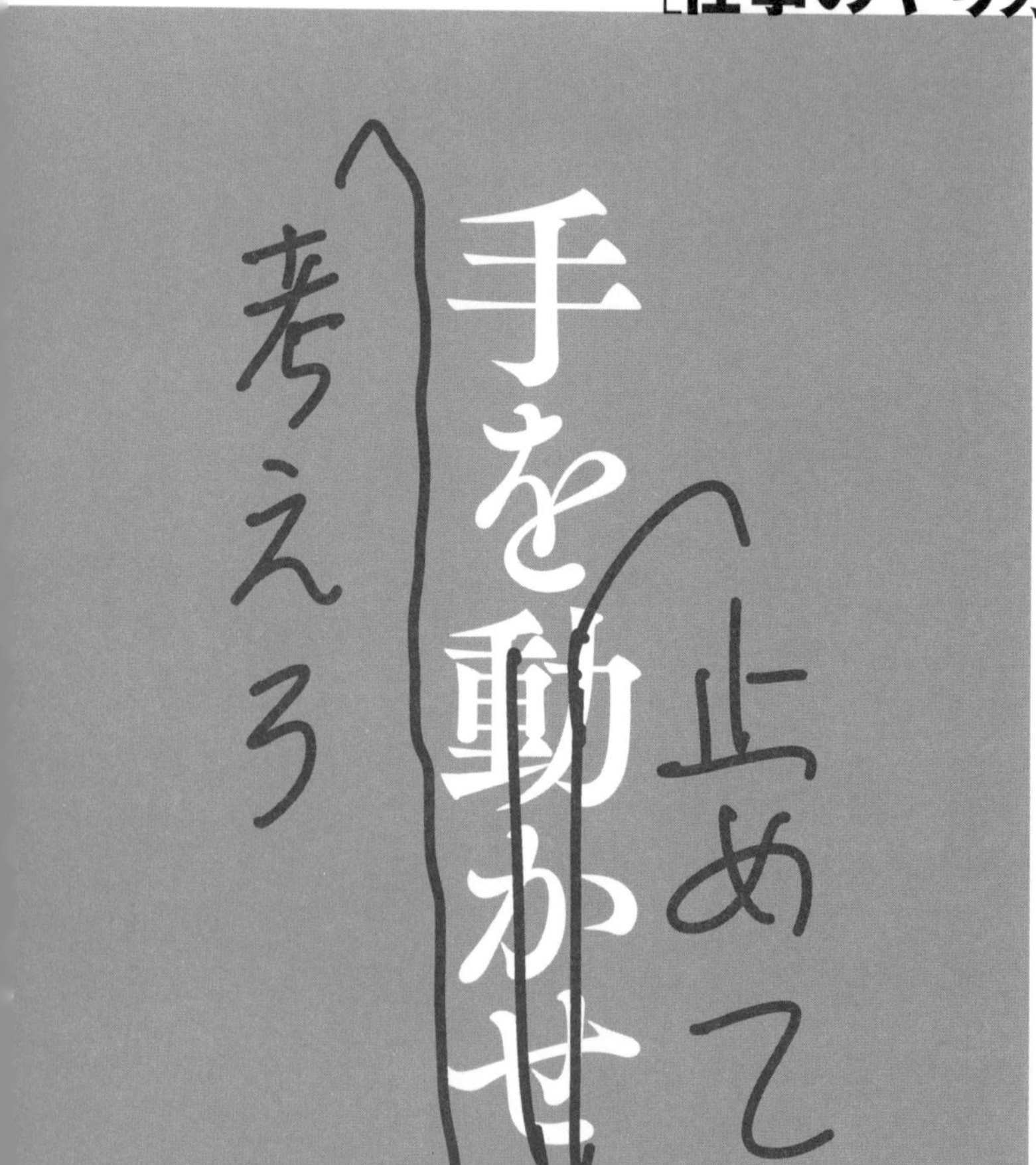

第4章

［**仕事のやり方**］

手を止めて考えろ

圧倒的に手を動かせ。戦術や戦略はそれから語れ。ウダウダ考える前に誰よりも打席に立つ。恥を恐れず舞台に上がる。話はそれからだ。

よく考えてから

ながら

今や[redacted]!

るな

第4章
［仕事のやり方］
手を止めて考えろ

幻冬舎のトイレでアルバイトの子に「将来何したいの？」と聞いたら「編集者になりたいです」と返答が来た。「じゃあバイトなんかやめて今やれよ」と僕は答えた。

真面目にバイトしているところを見出されて社員編集者になる。それは年功序列、終身雇用が機能していた時代のサラリーマン的な発想だ。そんな考え方はすぐに捨てたほうがいい。ただでさえ斜陽な出版業界で、おじさんたちの背中を見ながら順番待ちをしていたら、そのうち船ごと沈んでしまう。そもそも、そんな他力本願で時代センスのない人間に編集者など務まらない。

順番など無視して、まったく新しいルールと秩序を作ることこそこれからを生きる人間に求められていることだ。

「クリスティアーノ・ロナウドのようになりたい」と夢見るサッカー部の少年がせっせと上級生の球拾いをしていても、永遠にクリスティアーノ・ロナウドにはなれない。「球拾い」という競技のプロを目指しているのであればいいが、そんな競技はない。一流のサッカー選手になりたければ、誰よりもボールを蹴る以外に方法はないのだ。部活動での球拾い。そこで流す美しい汗はプロになるために何の役にも立たない。その汗が報われると思っているのだとしたら可哀そうだが勘違いだ。

もちろん、仕事論として「小さなことができない人間に大きなことはできない」「どんな仕事でも心がけ次第で黄金の仕事に変わる」などという教えはある。しかし、球拾いを頑張っているから、いずれプロになれるというのは甘い考えだ。これは実力主義のスポーツの世界では当たり前の事実だろう。

ビジネスパーソンの世界でもこれからは同じだ。アスリートと同じ実力主義社会がやってくる。アルバイトのコピー取りの先にプロフェッショナルはない。

そんな弱肉強食の世界において、たとえば編集者になりたいのであれば、「今やる」しかない。編集者なんて資格も何もないのだから、今すぐホリエモンにツイッターで「今までの名言をまとめて電子書籍にしてもいいですか？」と聞いてみればいい。自分の稼働がゼロで本が完成するとしたら、もしかしたらOKと言うかもしれない。そうなれば一気に編集者だ。

イラストレーターになりたいのであれば片っ端からインフルエンサーのツイッターアイコン用の似顔絵を勝手に書いて送ればいいのだ。誰か一人でもおもしろがって使ってくれれば、そこから仕事につながるかもしれない。大切なことはとにかく打席に立つことだ。できるだけ挑戦して失敗して上手くなっていくことだ。

よく、時代が変わっても変わらない普遍的なことを学ぶために一度下積みをしたほうがいい、就職はしたほうがいいと言う人がいる。

しかし、普遍的なことというのは現場で死に物狂いで試行錯誤していれば自然と身に付いている。学ぶものではない。特に今のような変化の速い時代では上の世代の成功体験は役に立たないどころか、視界をにごらせる時代錯誤の不純物にすらなる。

自分で手を動かし物を作って、人々のリアルな反応を見て一喜一憂しながら、成長していくのが一番手っ取り早い。つまり、いい組織とはチャンスが多く得られる組織だ。大企業でも球拾いのような仕事しか回ってこないのであれば、自分は成長してい

> ないと焦ったほうがいい。「箕輪編集室」はチャンスに満ち溢れているから、編集者やライターの経験がなかった人たちが落合陽一や宇野常寛《つねひろ》の記事を作ってガンガン配信している。記事の反響を見ながらトライ＆エラーを繰り返しているから驚くほど上達も速い。
>
> 人の何十倍も努力しろ、と言うけれど、人間はみな平等に24時間しか持っていない。不眠不休で働いたとしても、時間で考えるとせいぜい人の2倍しか努力はできない。では、どこで差がつくか。それは、「昨日までできなかったことをできるようにする」ということを日々積み重ねることだ。昨日と同じコピー取りを今日も繰り返していたところで成長はない。今はSNSでもオンラインサロンでもチャンスに触れる機会は5年前に比べ段違いに増えた。時間は有限だ。人はすぐ死ぬ。だから「今やれ」。
>
> 「昨日までできなかったこと」をやる。その実践を繰り返した先にプロフェッショナルがあるのだ。

「編集者になりたい？　なら、今すぐ本を作れ。あれこれ悩んでいる暇があるならnoteでもなんでもいいから原稿を編集して世に出せばいい。今日やるんだ。今すぐやれ」。僕はそんなふうに若者たちをけしかけてきた。

仕事で結果を出すためには、この考え方は正しい。変化が速い時代、とにかく試行回数こそが全て。とにかくやってみれば、いずれ成功に辿り着く。

でも人生においては、そんなふうにやりたいことをすぐにやってしまっては、味わいがなくなる。

プライベートジェットで高級料理を食べに行ったり、大阪西成の安宿で寝泊まりしたり。雲の上の世界も社会の現実も、この目で見てこの身体で体験したくて走り回ってきた。好奇心の赴くままになんでもやってきた。

歌手もやった、格闘技もやった、ラーメン屋もサウナ屋もやった。まだやっていないのはＡＶ男優くらいだと思っていたら、この前オファーが来た。さすがに断ったが、「汁男優なら是非」と返事している自分がいた。

僕は思いつくまま何でもやってきたが、実は人間というのは、やりたいけどやれないと思っている時が一番楽しいのかもしれないということに気付いた。

沖縄に行きたいけど、お金も時間もない。次の休みには絶対に行きたいと夢見ている時の沖縄が実は一番輝いている。

僕は学生時代から沖縄が大好きで、思い立ったら沖縄に行ける人間になりたい。そう思って生きてきた。

今、その状態にある。ちょうど昨日も沖縄から帰ってきた。ところがどうだろう。沖縄に行っても一回もプールに入らなかった。一応、申し訳程度に海ぶどうを摘まむ。

今でも沖縄が好きだけれど、もはや日常になっていて、さしたる感動はない。むしろ、行きたくても行けなかった時の瑞々《みずみず》しい欲望が今の自分にとっては貴重なものだと思う。

河村悟の『純粋思考物体』に次の詩が収録されている。

「欲しいものがあった、狂おしいほど手に入れたいものがあった、そのために苦しんだ、そしてあるとき、手に入れたいものを諦めた、放棄した、苦しみだけが残った、苦しみが生の側に残った、あの死ぬほど欲しかったものは何だったのだろう、わたしは憶えている、だが、わたしは苦しみだけを手に入れた。この苦しみがわたしの生を黄金に変えた。」

編集者になりたかった彼が編集者になって死んでいく人生と、編集者になれなかったなと思いながらも、編集者という仕事に輝きを感じたまま死ぬ人生どちらが幸せなのかわからない。

「やらないで後悔するより、やって後悔したほうがいい」というような言葉を何度も本で読んできた。

実際そうなのかもしれないが、やらなかった後悔、やれなかった切なさも愛おしい。

スピードから暇の時代へ

~~スピード~~

~~スピード~~

「スピードは熱を生み、量は質を生む」尊敬する週刊文春編集長・新谷《しんたに》学の言葉だ。

僕はもともと一冊入魂するタイプだった。ゲラを何十回と読み直し、句読点の位置から本の紙の厚さや固さまでこだわりつくす。そうやって時間をかけて細部をつめていかないと人の心を動かす本などできないと思っていた。

しかし昨年４月にNewsPicks Bookを創刊した。このNewsPicks Bookは月額サービスなので毎月１冊の書き下ろしを出版しなければならない。必然的に１冊にかける時間がない。次から次に休むことなく作り続けなくてはいけない。

書籍というものは通常６か月以上かけて作る。でもNewsPicks Bookは３か月くらいで作らなければ回らない。だから著者は過酷だ。

前田裕二は「まさか３日で書けと言われると思わなかった。だけど朝まで二人で徹夜して青春みたいだった」と言い、岸勇希は「いきなりやってきて『締め切りは３週間後です』と言われたのが一番印象に残ってる」と笑い、落合陽一は「箕輪さんの編集作業はスポーツみたいだった」とつぶやき、田端信太郎は「箕輪氏との編集作業は競走馬に種付けされているような気分だった。ワイルドで激しいけど実は気持ちいいＳＥＸのようだ。粗にして野だが、卑でも雑でもない」とツイートした。

普段ならあり得ないスピードで走り抜けることで書き手との間にものすごい熱が生まれる。そして、その熱によって本に魂が入るのだと思う。

２０１７年11月に出版した『お金２・０』（佐藤航陽）は20万部を超えるヒットになった。

この本も3か月ほどで作った。佐藤さんに出版のお願いをしたのは、世間が仮想通貨バブルに沸き立っていたころだ。どこの出版社も当然、仮想通貨関連の本は準備し始めた。しかし、当たり前だが1年以上かける。

『お金2・0』はまさに連日連夜、仮想通貨のニュースが報道される真っただ中で発売され、瞬く間にベストセラーになっていった。異常なスピードで走っていると、惑星と惑星がバンッとぶつかるようなことがある。佐藤航陽は「他の出版社の5倍速かった」と言った。

多くの人は「スピード相場」というものの洗脳にかかっている。本は6か月。デザインは1週間。会議は1時間。長い間そうやってきたという理由だけで踏襲されている「スピード相場」だ。

僕は本は3か月で作り、デザインも2日くらいでお願いし、会議は立ち話にする。メールの時候の挨拶なんか、なんの意味もない。年賀状も同様だ。しかし、暇な人間は思考停止したまま慣習を踏襲する。本当に忙しくすれば、無駄なことはどんどん切り捨てざるを得なくなる。本質的な仕事だけが残っていく。次第に生産性が上がっていく。

また極限までに時間がない状況は人の集中力を飛躍的に上げる。

書籍のネームやタイトルは正解などないのだから締め切りがなければ永遠に考えることができる。しかし僕は打ち合わせの合間のタクシー移動中くらいしかネームを考える時間はない。タクシーの中で書籍のタイトル、帯のコピー、新聞広告のキャッチ、書店パネルの煽り文句を一気に考える。もっとじっくり考えたいとも思うが、時間をかければそれだけでいいものができるというわけではない。

いいタイトルなどは何週間も考えても思いつかず、もうタイムアップという瞬間に思いつくことがあると思う。

なぜなら集中力というのは、追い込まれた瞬間に最大値を記録するからだ。それならば、常に時間を区切って自分を追い込んだ状態にしておけば集中力は下がらない。

電通のトップクリエイター澤本嘉光《よしみつ》さんが言っていた。「ソフトバンクの犬のお父さんのＣＭは納品までの時間があまりにもなかったから、タレントではなく犬を使うしかなかった」と。

時間があればいいというものではない。制約がイノベーションを生む。追い込め。

ダラダラと居心地の良いスピードで仕事をしていては、この世にあらざるものは作れない。

スピードスピードスピード！　誰も見えない速さで駆け抜けろ。

仕事において一番大切なのはまずはスピードだ。

コルク代表の佐渡島庸平さんがこう言った。「新人時代は、とにかく仕事量をたくさんこなすのが正しいとされている。すると量が質に転化すると言われるが、本当にそうなのか。実は新人に求めるべきは、量ではなくスピードではないのか」

新人に量を求めると、ただ雑にノルマをこなすようになってしまう。コピーライティングの素人が１日１００個キャッチコピーを書いても、長時間労働で身体を壊したり、クオリティが低いまま自分の型ができてしまったりする。

そこで量ではなく、スピードを重視してみる。

アウトプットのスピードを習慣化させ、スピードの基準を高めていく。すると長時間労働でなくても量ができるようになり、最終的に質へと転化していく。僕は実体験からこの話に共感した。

「NewsPicks Book」を毎月１冊出していた当時の僕は、強制的に速く仕事をこなさなければいけなかった。「メールやめてＬＩＮＥで」「会う時間ないからＺＯＯＭで」。無駄なことをする人を許さなかった。

しかし今やChatGPTというＡＩツールが誕生した。あいつらは速いなんてものじゃない。思考時間ほぼゼロで生産し続ける。

そうなると人類にとって仕事のスピードなんて誤差でしかなくなる。走りのフォームを改善するよりバイクに乗ったほうが速いのと同様に、さっさとChatGPTに丸投げする技術を身につけたほうがいいようになる。

そもそも多くの人が仕事と考えているような仕事は無価値になっていくのではないか。ＡＩによって超高速で無限に商品やアイデアが生産されていく。

モノは有限だから価値がつくのであって、無限にあったら価値はない。１万円札が無限に刷られるのであれば、１万円札の価値はなくなるのだ。

今みたいに、多くの人が同じようなものの微妙な差異を作る競争をすることはなくなり、オリジナルな価値を生み出せる天才とそれのコピーのようなものを超高速で生み出すＡＩだけの世の中になるかもしれない。

作家の百田尚樹さんは「もう本なんて売れない。俺は書きたいものを書く」と言っていた。

才能がある人がやりたいことをやる。特別な才能がない人間にはもはややるべきことはなく、暇になっていくだろう。

一部の人間は少しずつ原始のような生活を求め始めている。港区で最先端の会社にいるような人ほど、自然豊かな場所で、自分が食べるものを自分で採ったり、自分が住む家を自分で作ったりしている。

ＡＩが発展すればするほど、人間は手触り感のある生産活動を本能的に欲する。もちろん本当のサバイバルではなく、テクノロジーの恩恵を受けながら非効率な生活を楽しむようになる。

釜で米を炊く、その間にサウナに火を入れる、その火を見ながら半日が過ぎていく。そこにスピードは必要とされない。

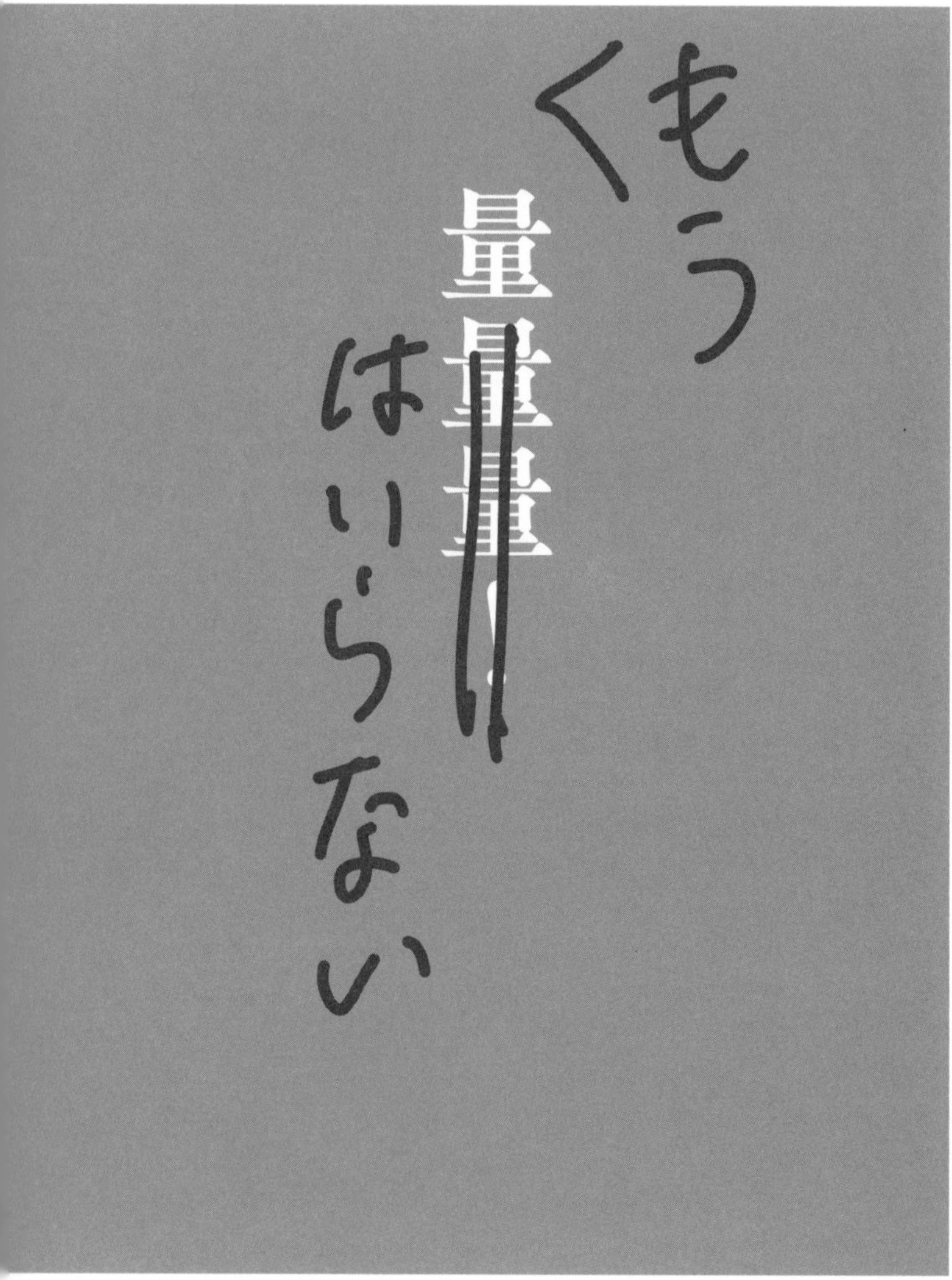
もう
量量量量は
はいらない

第4章
［仕事のやり方］
手を止めて考えろ

量量量！　圧倒的な量を制圧して初めて見える世界がある。

「ピカソはなんで天才か分かるか？　多作だからだ」と秋元康が言った。

僕はこの意味を最初は分からなかった。実感を伴って理解することはできなかった。質と量は反比例すると思っていた。手に負えないほどの量を抱えれば質は下がるに決まっている。少なくとも僕の場合、そう考えていた。

しかし、月に1冊本を出し、毎日プロデュースやコンサルの仕事をし、毎晩イベントに登壇し、毎週末地方に講演しにいく。あり得ない量の仕事を抱え込んで初めて分かった。

表面張力ギリギリまでがんばっていたコップの水がザーッと外に溢れたあと、本当の能力が開発されるのだと。

先日、会社の机を掃除していたら、人前で喋る仕事をやり始めたときのメモが出てきた。「NewsPicksアカデミア」の聴衆を前に初めてモデレーターを務めたときのカンニングペーパーがあったのだ。最初の挨拶から想定問答集に至るまで、まるで放送作家が作る台本のように丁寧にメモが書かれている。今ではすべてぶっつけ本番だから、これには愕然《がくぜん》とした。俺って意外と真面目なんだなと驚いた。

きっとあの日は、モデレーターを務める自分の姿を朝からイメージしながら、気もそぞろだったのだろう。徹底的に準備していたのだ。

今のようにしゃべり仕事が毎晩入ってくると、いちいち想定問答集なんて作っている余裕はない。昼間からイベントのことを考えていては仕事が回らない。直前まで他の仕事をしてタクシーに飛び乗って開演５分前に会場へ着く。そこで初めてイベントのことを意識する。打ち合わせなんてせず、ノープランの出たとこ勝負で本番に臨む。

もし、しゃべり仕事が１か月に１回程度であれば、毎回入念に準備して本番に臨むこともできるだろう。そして満足いく結果を出すことも可能だろう。

だが、これではモデレーション能力は想定の範囲内でしか上がらない。

毎日話さなければいけない状況に追い込まれ、準備している余裕もない。失敗したり恥をかいたりしながら圧倒的場数をひたすらこなしているうちに、自然と要点が分かってきて、能力は上がっていく。平均的な量をやっている人と段違いの差がつく。

どうにか乗り越えられる量ではだめだ。それでは能力爆発は起こらない。絶対に無理、どんな方法を使っても不可能だというくらいの負荷を自分にかける。すると苦境を乗り越えようという防衛本能が芽生え、進化する。進化は危機からやってくるのだ。

僕はこの１年で見違えるくらい成長したと言われるが、それは絶望的になるくらいの量をこなしているからだ。毎朝、今日やらなきゃいけないことを考えると死にたくなる。

メッセンジャーもスラックもＬＩＮＥもメールも数時間寝ただけで天文学的な数の通知がきている。打ち合わせのスケジュールを見ると途方に暮れる。ダブルブッキングも当たり前。絶対に無理だと絶望しながらも、なんとかその日を乗り越える。

１年間で１００の力が使えるとしたら、最初の２か月で90を使い切ってしまうくらいの気合いで走るといい。そこにインパクトが生まれる。圧倒的なまでに量をやるとキャパシティが増えて、また１００の力がプラスされる。中途半端ではだめだ。NewsPicks Bookが今、全国書店で大展開されているのは毎月出し続けているからだ。あるときビジネス書ランキングの売り上げの上位を僕の編集した本が独占していた。幻冬舎の書籍の売り上げランキングを1位から4位まで独占していた。これは僕の編集力があるからではない、圧倒的な量を作っているからだ。

そこそこ優秀。そこそこ目立っているうちは周りから可愛がられる。ずば抜けると評論家気取りの連中に、そのスタイルを批判、中傷をされる。

しかし、それがブランドになったという証拠だ。そして周りから批判を浴びたときに自分を支えてくれるのも、また量だ。「オレはお前らが寝てる間も動いている。誰よりも量をこなしてきた。舐めるなよ」と、確かな感覚が手に残っていれば、胸を張って戦える。

量だけは裏切らない。誰よりも動け。

量、量、量。量は確かに裏切らない。個人の成長のためには量をこなすことが必要だ。量が質を作るのは間違いないし、一流は大体みんな多作である。

『死ぬこと以外かすり傷』を出したころは、僕は夢の中でも本の編集をするワーカホリック編集者だった。「オレは誰よりも量をこなしている」という自信とプライドがあったから、相手にも多くを要求できた。

しかし、仕事がなくなった時期に、こんなにも同じような本が必要なのかなと疑問を持つようになった。

こんなにたくさん良い本が既にあるのに、なぜ同じような新刊を毎年７万冊も８万冊も作らなければいけないのだろう。名著や古典を繰り返し読んでいれば大体オッケーなはずなのに量を出しすぎだ。

そこには、商売の都合があるだけだ。

出版社は稼がなければいけないから本を出さなければいけない。本を出したならば売るために宣伝しなければいけない。仕事が仕事を生み出す。まさに資本主義であるのだが、誰のためにやっているのか。

僕が作った『世界２・０』がベストセラーになっていたころ、メタバースの本が何冊も立て続けに出た。メタバースがバズっていると見るや、あちこちの出版社が中身の似通った本を出す。

ダイエット本が山ほど出ているのに、人は全然痩せない。こんまりの片付け本が世界的ベストセラーになったのに、世界中の部屋は全然片づいていない。本を出すのをやめたほうが部屋は片付く。

意識高い飲み会に行くと必ず言われる一言。

「今何やってるんですか？」「次何するんですか？」

次何するんですかハラスメント。「ツギハラ」。

いつから人間は何かすることが正しいことになってきたのだろう。

人は生まれた瞬間から資本主義の論理に洗脳されていて、今何かをやっていないとダメ、次何かしないとダメだと思い込んでいる。何か生み出してないと不安になる。確かに資本主義の世界では生産しない人間は不要な人間だ。

僕もしきりに「まずは手を動かせ、モノを作り続けろ、作っていない人間が何かを言うな」と言ってきた。

ただ冷静に周りを見渡してみると世の中はいらないモノで溢れている。

『THE FIRST SLAM DUNK』も『ザ・スーパーマリオブラザーズ・ムービー』も最近のヒット映画はかつての名作やゲームを現代風にアレンジしたものばかり。「本物」が今まで以上に価値を持つ。ChatGPTが無限にコピーを生成する時代に、何かの焼き直しのようなものを人間が作る意味はない。

勇気を出してくだらないものは作らないと決めることも大切だ。今はまだ惰性で売れているだけで、モノを買わない世代がもっと増えたら消費という概念すら無くなっていくだろう。

苦しい思いで似たようなものを作るくらいならサウナに行って酒飲んでいるほうが地球環境のためである。量の奴隷から解放されよう。

熱狂に
出会うための
自然消滅のススメ

は
「生産」から「表現」へ

第4章
［仕事のやり方］
手を止めて考えろ

熱狂できることに出会うためには、自然消滅上等であれこれ手を出せばいい。
まずは口癖を変えるのが有効だ。

企画の提案が来たり、それこそ飲み会や旅行の誘いでもいい。なにか声がかかったとき、「やりたい」「行きたい」という言葉を禁句にする。そして「やります」「行きます」と言うようにするのだ。これだけで行動の量とスピードが飛躍的に上がる。

僕には毎日のように様々な案件が降ってくる。本当に興味ないものを除いて、少しでも気になれば1秒で「やります」「行きます」と即レスする。もはやこれは癖だ。熱湯に触れて「熱い！」と言うようなレベルで「やります！」と返事する。

僕が編集者でありながら書籍編集以外の様々な仕事もやり、ＴＶや雑誌、イベントに出まくっているのは、物理的に可能ならばすべて受けるようにしているからだ。企画書や内容などあまり見ない。この間なんかホリエモンから「水道橋博士と戦わない？」と格闘技の対戦オファーが来て、いつもの癖で「やりましょう」とすぐに返してしまい、なぜか本当に芸人とリングで殴り合いをすることになったのだ。反射神経で受けているとこういったミスもあるが、良い話もまた手を挙げる人間にしかやって来ないのが真実だ。

「やりたいです」「考えます」などと言っている悠長な奴に黄金の果実は降ってこない。誰もそんな人間に渾身《こんしん》の企画を提案しようとは思わない。この企画は誰に相談しようと考えたときに、すぐに頭に思い浮かぶ存在でなければ編集者として失格だ。

あいつならすぐに走り出してくれる。そう思われる存在でなければならないのだ。

「やりたい」と「やります」、「行きたい」と「行きます」。願望と行動の間にはとてつもなく大きな溝がある。願望など何の役にも立たない。

「痩せたい」と言っていても何も始まらないが、「痩せます」と宣言すれば、その瞬間から何キロまで絞るのか、そのためには週何回トレーニングするのか、食事制限はどれくらいするのか。具体的な行動も決まる。

そして、ここからが重要だ。「やります」と即レスして仕事を受けまくっていると、僕の場合だいたい6割くらいは自然消滅する。物理的に回せなくなったり、熱量が続かなくなったり。僕の周りの人の中には「箕輪さんは無責任だな」と思っている人もいるかもしれない。しかし、それでいいのだ。

一度やると言ってしまったからやらなければいけない、というのはサラリーマン的発想だ。とてつもなく忙しく熱量の高い人たちと仕事をしてみたら分かるだろう。彼らは膨大な数の案件を何本も走らせているから、企画が途中で自然消滅しても気にもとめない。すぐに次を、前を見ている。

僕も知り合いや部下にお願いした企画が動いていなかったら、その程度だったんだと見切りを付けることにしている。そもそも誰か一人が熱狂していない企画などうまくいかない。消えていく運命にあるのだ。

何が当たるか分からない時代は、完走することよりも、とにかく一回ダッシュしてみることのほうが大切だ。走り方やゴールまでの距離など分からないが、とにかく走ってみる。なんか違うなと思ったり、気が変わったら、走るのをやめてしまえばいいだけだ。

頭数だけが多い会議で、何日も何日も企画を練り込んでも正解なんか出やしない。さらに最悪なことに、走り出してしまったという理由で違和感を感じながらも惰性で続ける。終わっている会社やプロジェクトの特徴だ。

バカ真面目という洗脳にかかっている人にとっては、やると決めた企画を自然消滅させることは悪と映るかもしれない。でも意識を変えてみよう。これは無責任とは違う。

無責任とは僕に言わせれば熱狂してないのに業務的に仕事をこなしている状態だ。熱狂しているプロジェクトであればどんな困難が襲っても血だらけになりながら最後までやり切れるはずだ。集中力が違う。

しかし熱狂の種などまずはやってみないと見つからないのだ。だからこそ自然消滅上等で、片っ端から「やります！」と手を挙げていけ。あれこれ手を出しているうちに、好奇心が好奇心を呼び、熱狂が熱狂を加速させる。

仕事に狂って結果を残すとお金と時間がある程度できる。そしてようやく強制的な労働から解放される。それでも人間の幸せは思ったようには続かない。

過酷な労働から逃げ出したい時に夢見るような余裕のある生活よりも、半ば強制的であっても盲目的に打ち込めることを用意されている生活のほうが実は楽で、熱狂できるものがなく生きていく人生はなかなかに苦しい。

僕の場合、「本で世界を変える」などのキャッチコピーを掲げヒット作を出しまくっていた時期は、自分のやりたいことをやりながら、社会のためにもなっているという満足感があった。確かに忙しいが脳内麻薬が分泌され続けていた。

しかし、いきなり自分の人生を狂わせるほどの熱狂の種がなくなった。

熱狂が終わり、労働それ自体から自由になった後で、何も変わらず同じようなものを作り続け、売上を上げ続け、会社や預金残高を大きくすることに熱狂できるほど僕は純粋ではなかった。

お金のためではなく社会のために、やりたいことをやり続けるというのは現代の一番の贅沢なのかもしれないが、ひねくれているのか、負け惜しみなのか、教養が深いのか、世の中に溢れるソーシャルグッドなビジョンはどれも目の前の退屈さから逃げたり、港区でモテるために作られたお題目のように見えてしまう。

その結果、何をしているのかというと、結局「この本」を書いている。

しかしこれはかつて作っていたような、たくさん売れるようなものではない。

誰かのために書いている役立つ本ではなく、人生の無意味さと格闘するためにたどり着いた日記のようなものだ。かつて作っていた本が生産活動だとしたら、偉そうにいうとこれは表現活動で、知的オナニーに近い。

あらゆる生産プロセスが機械化されＡＩが導入され始め、もはや人間は生産性に寄与しない。生産性を追求するならば、人間なんていなくなったほうがよく、人間は自らの熱狂から冷めないために自ら仕事を作り出しているに過ぎない。

生産活動として考えれば、たとえば本ならChatGPTに目次を作らせ、文章を書かせ、タイトル案を出させたほうが速いし、クオリティも次第に上がっていくだろう。

しかし、「この本」はChatGPTには書けない。それは質の問題ではない。こんなオナニーは、やりたくてやっているだけであって、ChatGPTにやらせてしまったら、イケないのだ。

講演会で60分話せば数十万もらえるが、この本は60分パソコンと向き合っても一文字も進まなかったりする。

焚き火や釣りにも近い。肉を焼くためであれば、ガスバーナーでもなんでも使ったほうが生産的だ。

しかし焚き火は焚き火をしている時間、それ自体に価値を感じているわけであって、ここに生産性を導入しても意味がない。釣りだって漁業のように魚を獲ったほうが生産的だが、釣り糸を垂らしている時間そのものが楽しい「表現」なのだ。

人生の楽しみを「生産」だけでは埋められなくなる時に、プロセス自体を楽しめる「表現」を持っていられるかが大切だ。

何か一つでトップになれない時代

第4章

［仕事のやり方］

手を止めて考えろ

『多動力』が30万部を超えるベストセラーになって、ひとつの弊害が生まれた。ツイッターを眺めていると「つまらないから仕事辞めました！　これぞ『多動力』」みたいな発言をよく目にする。

各業界の縦の壁が溶けていくこれからの時代において、一つの仕事に縛られず、あれもこれも手を出してみる力は間違いなく重要だ。

しかし、結局一つの道で頭角を現さないとどうしようもない。

一つのことを突き詰めもせずツマミ食いしても、単なる器用貧乏になってしまう。

結局、軸足がどこにあるのかが問われる。サッカーでもキックボクシングでも軸足をしっかりと置いてなければ強いキックはできない。

『小説幻冬』という文芸誌で放送作家の鈴木おさむさんの小説連載を担当している。あるとき、原稿の締め切りが過ぎてもおさむさんから原稿が届かず、連絡も取れなくなった。

鈴木おさむさんはその頃、AbemaTVで元ＳＭＡＰを初起用した『72時間ホンネテレビ』の制作をやっていたのだ。

芸能界の歴史に残るような番組を寝ずに作っているわけで、今月は連載を飛ばしても仕方がないなと思っていた。

すると、深夜におさむさんから「ごめん！　72時間テレビで膨大な時間を使っていた。いまから原稿書くから待ってて。絶対に飛ばさないから」というＬＩＮＥが来たのだ。僕はそれを読んだ瞬間、その狂気に身震いした。

聞けば、今までに原稿を飛ばしたことは一回もないらしいのだ。

ここがすべての真実だと思う。あらゆることを手掛け何でも屋さんに見えるような人でも、トップに居続ける人は地味なことを誰よりもやり続けている。

落合陽一は誰よりも研究しているし秋元康は誰よりも詞を書いている。

いわゆる成功者を見るとき「勝ち組でうらやましいな」と思うかもしれない。

だが彼らの本を作りながら、間近で見ていて僕はいつも思う。

「これだけ血の滲《にじ》むような圧倒的努力をしていたら、そりゃ成功するに決まっているわ」と。

SHOWROOM前田裕二の実像は、「芸能人と付き合う華々しいスーパー金持ち」なんかでは決してない。彼は会食して3次会まで付き合ったあと、そこから近場のカフェに移動して朝5時まで仕事をしている。そして翌朝9時には会議に出ている。

「こんなに自分に負荷をかけてまで、この人は何を成し遂げたいのか」と思うほどだ。

多動力の本質は、あれこれ手を出すことではない。まず何か一つで突き抜けるということだ。なにか一つのジャンルで日本のトップになるから、横展開が可能になるのだ。何かのトップだから他のトップから声がかかるのだ。

僕だって誰よりも本を出している。誰よりもスマホを手から離さない。ずっと本のことを考え、寝ても覚めてもスマホの中でいかに展開するか企んでいる。だからこそ、いま編集とネットを組み合わせるのは日本で箕輪が一番得意だ、と思われるし、超重要案件の会議に呼ばれる。本とは関係ないプロジェクトでも仕事を頼まれる。そこで新しいプロジェクトが動き出す。各業界のトップ・オブ・トップと仕事で交わることが許される。トップを目指すものだけが持っている苦しみと熱量、そしてアイデアを共有している人同士は、たとえジャンルが違っても、分かり合える。

1位と2位の差はとてつもなく大きい。しかし2位でも１００位でもさして変わらない。金メダリストだからＣＭオファーが来るのだ。だから「けん玉世界一」でも「コンビニのおにぎり研究」でも何でもいいから、まずは何か一つの分野で日本一になってしまえばいい。

日本一のブランドを旗印として掲げて「おもしろいヤツがいる」と注目されれば、トップ・オブ・トップに食い込むためのフックになる。

残念ながら、世の中においしい話はない。多動力を使ってくるくる回っていても何者にもならない。

まずは何かに入れ込め。周りが引くくらい没入して、夢中になって、一点突破で突き抜けろ。

何か一つでトップになれ。これは「多動力」が必要な時代であるからこそ伝えたかったことだ。

「箕輪★狂介」として歌手デビューしたり、本田圭佑さんが作ったサッカークラブでサッカー選手を目指したり、格闘技のリングに上がったり、YouTuberにもなってみたり。そんな思いつきみたいなことができるのは、僕が編集者として数字を残してきたからだ。編集者として突き抜けたから、他のジャンルのトップの人たちとも交流ができ、様々なことをやれるようになった。

だからこそ、若いうちは土の中に潜って自分の軸を地道に鍛えるべきなのだ。

しかし今の時代、土の中に潜るのがとてつもなく難しい。

格闘技の素人がブレイキングダウンに出て一夜にして人気を掴む。世界が変わる。毎日汗を流してプロのリングを夢見ている選手を、ろくに練習もしない元不良や迷惑系ユーチューバーが一瞬にして捲《まく》っていく。実力は足りないのにお金、名声、女を手に入れてしまう。

若い時に何かを頑張る動機なんて、「儲けたい」「目立ちたい」「モテたい」くらいなものだ。そんな時期に、ただ煽りがうまいだけの人間が運を掴んで突き抜けるのを見たら、地道に頑張り続けるのは難しいかもしれない。

もはや実力という言葉の定義自体が変わっている。能力値の高い低いは一つの指標に過ぎない。いかに人を巻き込むかまで含めて実力なのだろう。

元々エンターテインメントはそういうものだ。歌がうまい、ダンスがうまいからといって人気が出るわけではない。その人の生き様を含めたキャラクター全体の勝負になる。

それがスポーツの世界にも入ってきた。すでにビジネスの世界でも売上、利益だけではなく、スティーブ・ジョブズやイーロン・マスクみたいな起業家のカリスマ性が株価に反映されたりする。これからはあらゆるジャンルで実力に影響力が組み込まれていくのだろう。

しかし、「ユーチューバー全員ウツ病問題」という言葉がある。

僕が作った言葉なのだが、僕の周りのユーチューバーはかなりの割合で心を病んでいる。一般人だった自分がとてつもない勢いでスターになる。しかし消費のスピードは速く、再生数が伸び悩む。起死回生で打ち出す企画も空振り続き。コメント欄には「オワコンwww」と書き込まれる。収益も一気に下がり、張り切って借りたタワーマンションは解約。引っ越しが完了したころにはアンチコメントすらつかなくなる。

能力だけで勝負するわけにもいかないが、影響力に頼りすぎるのもあまりに脆い。

このＳＮＳ時代、たしかに影響力は重要な武器だ。しかし、お酒を飲んだ後の男性器くらい気まぐれだ。こちらの都合におかまいなしに、急に元気をなくしてしまう。

僕は文春砲で影響力が一気に0になった。しかし、そんな中ここぞとばかりに「今なら編集してくれますか？」というオファーがたくさん来た。僕が復活できたのはやはり編集者として能力があったからだ。

影響力の誘惑は強い。だからこそじっくり能力を付けよう。

変わり時代の車輪に
続ける~~ことを~~
~~やめない~~
なりたくない

第4章
［仕事のやり方］
手を止めて考えろ

18世紀の終わりにフランス革命が起きるまで、人々はがんじがらめのアンシャン・レジーム（旧体制）に寄りかかって生きていた。

聖職者や貴族は税金を払わず特権階級であぐらをかき、大多数の庶民は苦しい生活を強いられて搾取される。「アンシャン・レジームなんて壊してしまえばいい」と当たり前のことを叫ぶ革命家が出現するまで、あまりにも長い時間がかかった。

21世紀の日本でも、昭和レトロなアンシャン・レジームがとぐろを巻いている。スラックやＬＩＮＥでやり取りし、返答はスタンプで終わり。秒単位のスピード感で仕事を進めていかなければ、あっと言う間に周回遅れになってしまう。

仕事とはスポーツだ。サクサクと終わらせて、ザクザクと決断する。そういった覚悟と気合いがあれば、新しいツールが出てきたらすぐに使ってみる意識も出るだろう。

しかし、この国ではそんなことを考える人間は少数派のようだ。よく新聞社や出版社の人から僕宛の電話が会社にかかってくる。会社に行くと「○○新聞の○○さんから電話あり。また電話するそうです」と置き手紙が置いてある。そして外に打ち合わせに行って戻ってくると置き手紙が増えている。「○○新聞の○○さんから再度電話あり。また電話するそうです」。僕はそのたびに心の中でこう叫ぶ「ちょっと待って。僕たちはネットが誕生する以前に存在したすれ違いのカップルですか？　すれ違うからこそ気持ちが膨らみ制御できなくなるという恋愛の奥深さをここで味わう気はない。頼むからメールしといて。時間あるときに返信するから」。

こんな冗談やコントとしか思えない古びた仕事をしておきながら、儲からないだの、残業が減らないだの愚痴を垂れてる。自動車が開発されてるのに人力車で移動していては商売にならないのは当たり前だ。

落合陽一の言葉に「変わり続けることをやめない」というのがある。人は変わることをやめたときに腐る。変わり方はこの際、いいだろう。

「変わり続けることをやめない」という意思を持ち続けられるかどうかがまずは問われるのだ。

出版界はこのまま手をこまねいていたら、泥舟の上で溺れ死ぬことになる。だから僕は自前の小さいゴムボートに乗り込み、自由に波風を起こしてみようと思った。旧約聖書では、大洪水が起きたときにノアの方舟で難を逃れる一群の逸話が描かれる。洪水で全員が溺れ死ぬ中、「あの方舟に乗ってみよう」と一歩を踏み出した冒険家だけが助かった。「この舟、絶対沈むっしょ。あんな小さなボートに乗ったらヤバイだろ」と後ろ指をさす人間は、時代の荒波を生き残ることはできなかった。

僕が漕ぎ始めた小舟は小さく、安全装置なんてついていない。だからちょっと波風が立てば、激しく揺れて生傷も負う。転覆するかもしれない。

しかし僕が舵を握る「箕輪編集室」にはたった１年で１３００人が集まった。若い人を中心に記事を書いたり映像を作ったりデザインしたり、イベントをプロデュースしたりと活発に活動している。明治時代の私塾のような感じだろうか。ここは不安定だけど勢いがあり、何よりも毎日変化する。見える景色も変わり釣れる魚も変わる。うちのメンバーはみんな背中に「変わり続けることをやめない」という刺青を彫っている。

アンシャン・レジームの大船に乗っていたら、誰かから与えられた仕事を右から左へ機械的にこなすだけで、しかも仕事は変わらず給料はちっとも上がらない。船で出される食事はだんだんまずくなり、退屈な毎日にウンザリしながら年寄りになっていく。そんな人生はまっぴらごめんだ。

会社というのはそもそもイノベーションのジレンマを起こしやすい構造になっている。目の前の利益を出さなければいけないから、今は儲かっているけど10年後にはなくなっているビジネスを捨てられない。変われない。気が付いたら足元から腐っている。

しかし我々は食うためにやっていない。ただ楽しいから波に乗っている。しかし変化を楽しみ自由に舟を動かすほうが結果として財宝も見つけてしまうのだ。会社という大型客船よりも僕のこのゴムボートのほうが強いと確信している。

「変わり続けることをやめない」は、すなわち「毎日どんどん新しいことをやれ」と同義だ。

おそろしいスピードで激変する世界にキャッチアップし、毎日変化し続ける。新しいプラットフォームが出てたらいち早く使ってみる。新しいインフルエンサーが現れたらいち早く会いに行く。そして自分自身をアップデートし続ける。

この姿勢こそが僕の最大の強みだった。

多くのビジネス芸人が「YouTubeなんて恥ずかしい。子供のやるもの」とバカにして手を出そうとせず、若い人の関心から消えていった。

今や地上波テレビとYouTubeの価値は逆転している。

僕はYouTubeのおもしろさと可能性を理解していたからすぐに参戦した。登録者も再生回数も大したことはないが、今では地方に行っても「YouTube見てます」と言われることが多い。

テキストベースのＳＮＳが動画ベースのＳＮＳに移り変わる中、時代の変化にギリギリ対応できた。そうやって、どんどん変わり続けようと考えていた。

だがTikTokのおもしろさが、まったくわからない。これまで何度か自分に嘘をついてTikTokに挑戦してみたものの「つまらない」という感想しか出てこなかった。「おカネ持ちになりたい人！」と一発で理解できる枕詞をドーン！と出して数十秒の動画を作る。「ダセエな」と思ってしまう僕は、TikTok界隈から淘汰された。

きっともっと奥が深いのだろう。新しいものを「くだらない」というのは老害の証拠で、ただ理解してないだけなのは僕が一番わかっている。

来し方を振り返ってみると、僕は「メールは遅すぎる。時代はＬＩＮＥだろ」とさんざん上の世代を煽り続けてきた。今の若者は僕に「まだＬＩＮＥなんて使ってるんですか。Discord使えますか」と訊いてくる。こういう若者とはつきあいたくない。

さらに今は、テクノロジーと同じくらい価値観のアップデートも速い。

今、世間はジャニーズ問題で揺れている。山下達郎がジャニーズ事務所を批判せず中立的な立場を取ったことで集中砲火を浴びた。

山下達郎の歌はうちの母親がひたすら聞いていたので耳にこびりついている。顔と声のギャップに小学生ながら驚いたが、あの無害の象徴ナマケモノのようなおじさんがこんな目に遭うことを誰が予想できただろうか。

ジャニーズも歌舞伎も電通も相撲も、一般社会からしたらおかしなことがある特殊な世界で、みんながなんとなく見ないようにしてきた時代が当たり前にあった。それが近年、村の掟なんて通用しませんという価値観に変わった。

時代を前に進めるためには、新陳代謝が必要で、テクノロジーや価値観の変化についてこれない人が消えていくのはある意味で正しい。

ただ、前に進めているのは誰なのだろうか。

若者たちはTikTokで踊っているのではなく、TikTokに踊らされている。Z世代は広告屋のおっさんの商売道具になっている。

僕は誰かにハンドルを握られ「時代を前に進める車輪」にはなりたくない。

進むべき方向は自分で決める。

第5章
［人間関係の作り方］

癒着せよ

仕事とは人間と人間がするものだ。業務的な関係を打ち破り、どれだけ相手の本物の言葉を引き出せるか、ねじり合い溶け合うような関係になれるか。まずは自分が丸裸になるしかない。

丸裸~~になれ~~
でダサいまま生きる

第5章
［**人間関係の作り方**］
当たり前の生活をせよ

ディズニーアニメ『リメンバー・ミー』を映画館で観ている真っ最中に、事件は起きた。ラストのクライマックスシーンだというのに、強烈な尿意に襲われたのだ。僕は暗闇の映画館で密かにチャックを下げ、手元のコップにした。

すすり泣きがあちこちから聴こえる中、最後の感動的なシーンで席を立ってこの感動をジャマするくらいなら、自分一人だけ恥をかけばいい。編集者としての最後の矜《きょ》持《うじ》である。

――という墓場まで持っていくべき話を、どういうわけだか人にしてしまう。本にも書いてしまう。大丈夫なのか。これは。

編集者の仕事をしていくならば、全身ハリセンボンのように神経質で難しい起業家や作家、感受性をむき出しにして仕事をしている芸能人やクリエイターを口説き落として、親友、戦友、悪友のような、剥き出しで付き合える仲にならないといけない。

彼らは毎日覚えられない数の「はじめまして」の相手と会っている。時にはうまいこと騙《だま》してやろうという輩《やから》もいる。利用されるという警戒心は強くなり、「こいつは利害損得の人間だな」「単純に小手先でビジネスをしようとしているな」と察知する動物的勘にたけてくる。

たいていの場合、嘘の笑顔で挨拶して「名刺もらっておいて」と秘書にバトンタッチ。以後二度とお互い心を開いた関係にはならない。

こういった難攻不落の相手の心をいかに開くかが編集者としての才能だ。

好きな言葉がある。「日本では『みんなちゃんとしているのだから、あなたもちゃんとしなさい』と子供に注意し、インドでは『あなたもダメなのだから、人のダメなところも許しなさい』と諭す」

こちらがガードを上げていれば、向かい合う相手も同じ高さでガードを上げる。こちらがガードを下げていれば、向かい合う相手もガードを下げる。自分がフル装備の完璧人間を装っていては、相手も装備を解除してくれない。

編集者という仕事は、書き手をどこまで丸裸にできるかが勝負だ。表面上の付き合いからは本物の言葉は引き出せないし、偽モノの言葉を紡いでも、ありきたりなコンテンツになってしまう。

そして、相手に装備を解除させ丸裸にするためには、まずこちらが、そこまで脱いでしまって大丈夫なのかと心配されるくらい、無防備になることが大事だ。

僕はもともとの性格から自分を良く見せたり、無理をすることができない。自分を偽って相手に気に入られるくらいなら、ありのままをさらけ出して嫌われてしまったほうがいいと思っている。だからいつも究極の自然体でいる。

作家の平野啓一郎さんは「分人」という概念を提唱している。個人のアイデンティティは一つに固まっているわけではない。相手の出方や自分の置かれている環境によって、自分の中にあるいくつもの複合アイデンティティのうちの一つが「分人」として表に出る。仕事、家庭、趣味。それぞれの場所で違う自分がいる。

それで言うと、本人にとって一番無理のない「分人」を引き出すのが、編集者としての大切な役割だ。

この人と話しているときは一番自分らしくいられる、と思われるかどうか。

いつも小難しい話をしている人も少年のように無邪気なことを言い、いつも怖い顔をしている人も無防備でとろけた顔になる。そこまでできるかがサラリーマン的編集者と、本物の人間関係を築く編集者を分ける。

しかし、これは編集という仕事に限らない。営業だろうが接客だろうがコンサルティングだろうが、機械的な人間関係を突破し、相手の生身の感情を引き出し受け止め、溶け合うような関係になれれば、仕事は一気に加速し、本質的なものに変わる。

そのためにはまずは自分から裸になってしまうことだ。自分の恥ずかしい部分も醜い性格もわがままさも生意気さも全部出してしまう。嫌われることなど怖れるな。全てを見せて嫌われるなら、それまでだ。大丈夫、完璧な人間なんてどこにもいない。

まずはこっちから全てをさらけ出してしまえば、相手も警戒を解いてこいつは信頼できると思ってくれる。丸裸になろう。

丸裸になってすべてをさらけ出せ。

当時の自分に言いたい。映画館でおしっこをした程度の暴露は丸裸のうちに入らない。

自分からさらけ出す恥部なんて、すっぴん風メイクのようなフェイクにすぎない。

本当に恥ずかしいことは自分から出そうなんて思わない。

ＬＩＮＥのスクショを週刊誌に公開されたことがある人はこの本の読者の中にいるだろうか？　僕はある。絶対に他人に見られることはないと信じていた文面。そのスクショを全世界に公開され、さらに数週間にわたって、さまざまなコラムニストが僕のＬＩＮＥの文章について検証し始めた。

「キモい」「ダサい」「イタい」「典型的なおじさんＬＩＮＥ」あらゆることを言われた。

街で笑い声が聞こえると自分のことを笑っているんじゃないかとビクッとした。

今考えると、全部身から出た錆であるし、なんの言い訳も反論もできないのだが、当時はとにかくツンツンしていた。

人間、恥ずかしさが極限を超えると、逆に怒り出すのかもしれない。

そんな状況の中、秋元康さんとご飯を食べる機会があった。そこでも僕はツンツンしていて、「今度、『歪《いびつ》のまま生きる』って本を書こうと思うんです」と言った。

すると秋元さんは「箕輪な、そんな世間に中指立てるみたいなことしたって、どんどん世界が狭くなっちゃうだけだよ。『かすり傷も痛かった』というエッセイを書けば、箕輪もかわいいところあるじゃんってなるんだよ」。そう言われた。

その時は、愚かで、みっともなく、ダサい自分を受け入れる余裕はなかった。

でも、落ち着いて自分を見つめてみると、僕の人生でかっこいい時なんて一度もなかったことに気づいた。

基本的に恥ずかしい生き方をしているのに、強くキャッチーな言葉で時代の寵児みたいなお化粧をしていただけだ。

「だから悪いことすんなって言ってんじゃないの、ダサいことすんなって言ってんの」という『池袋ウエストゲートパーク』の窪塚洋介演じるキングの言葉は色々な場面で引用される。

人に言えないようなことはせず、すごいことをしても自慢しない。

そんな男になりたいが、人に言えないことばかりして、すごいことはこれでもかというくらいアピールする。

もし僕が広末さんと付き合っていたら「Majiで校了する5秒前」などと恋愛を匂わせていただろうし、もし僕が米津だったら「僕はどう生きるか」などと宮崎駿に主題歌を頼まれたことを公開のだいぶ前からアピールしてしまっているはずだ。

誰が相手でもビビらず権力にも媚びない。

そんな男になりたいが、本当に怖そうな人や組織には喧嘩を売らないし、権力者や政治家ともうまくやる。

カラオケではザ・ブルーハーツを歌うが、生き様は正反対だ。

僕はダサさをさらけ出して生きていくしかない。

憑依レベルで~~ブンセキ~~子育てせよ

第5章
［人間関係の作り方］

当たり前の生活をせよ

仕事とはどこまでいっても人間と人間がやるものだ。なんの実績もない編集者が大物作家や忙しい起業家に本を書いてくれと口説くのは難しい。当たり前だが僕も編集者になりたての頃は人脈が全くなかった。

起業家の本を作りたいと思ったけれど、誰に相談すれば本物の起業家と出会えるのか分からなかった。知っていたのは与沢翼くらいで、彼はそのころ破産していた。新人の自分に付いてくるような起業家の本を作っても仕方ないと思っていた。最初に見城徹や堀江貴文など、雲の上の大物を口説いて仕事をしなければ、名を挙げることはできないと考えていた。何よりも純粋に、僕は彼らの本が作りたかった。

社内の人には「堀江さんは忙しいから難しい」「見城さんは簡単に会ってくれない」などと言われたが、僕はなんか方法はないものかと考え続けていた。

人間である限り感情があるのだから、不可能ではないのではないか。自分に実績がなくても「こいつとならやってもいいかな」と思わせる言葉を捻《ひね》りだして相手の感情を動かすことができれば、チャンスはあるはずだ。そのために重要なのは、どれだけ相手の心を想像し寄り添えるかだ。「こいつ、自分のことを誰よりも分かっている」と相手に確信させる言葉を吐くことができれば、道は開ける。

僕は中学くらいから「ブンセキ」と自分で名付けて、クラスメイトや担任の教師の性格やコンプレックスや本性を徹底的に言語化していった。友達からは「箕輪にブンセキされたくない」と嫌がられていた。大学時代など、夏のプールに入りながら5時間近くかけて片っ端から知り合いをブンセキしていったりもした。

人間観察というのが分かりやすいかもしれない。表面上だけではない心の奥の部分、人間臭いところまでも嗅ぎ取り、言語化する。僕は今でも時間があると渋谷の道玄坂の花壇に座ってハイボールを飲みながら街行く人の顔を眺めてブンセキしている。

直接話せるような相手であれば、普段接している中で相手の動向に目を光らせ、ブンセキすればいい。しかし、簡単に会えない場合はその人の本や過去に出演した番組やツイートなどを徹底的に記憶するまで吸収し、どんな人なのか想像し尽くすしかない。僕はそれを「憑依レベルのブンセキ」と名付けている。相手が自分に憑依しているかのように、相手の気持ちが分かる。言いたいことが分かる。その状態まで持っていく。実際に会ったときに、何を話せば、どういう言葉をぶつければ、「こいつは俺のことを分かっている」「こいつとなら仕事をしてもいい」と思ってもらえるか、これを考えるのだ。

見城徹の場合は、過去のテレビや本でのすべての発言を記憶した。そして手紙を書き、初対面で熱い思いをぶつけた結果、当初まったく出版に乗り気ではなかった見城徹が新人編集者である僕の執筆依頼に応じてくれたのだ。

しかし、ここで脇目もふらず、マッチョな方向に進むのは危険だ。どんな熱い言葉をぶつけても、相手がそれ自体を望んでいない場合がある。つまりは、ブンセキが甘いのだ。どんな言葉を伝えるかだけではなく、「そもそも熱い言葉を求めているのか」「いかなる方法で伝えるのがベストなのか」まで相手の立場になって考える必要がある。

例えば堀江貴文の場合、初対面の人間に熱い言葉をぶつけられても、面倒くさそうにスマホをイジッているだけだろう。彼のツイッターや本をしっかりブンセキすれば、彼がいかに効率的でないことを嫌い、本の取材や雑誌インタビューに時間を取られることを拒否するかが分かる。だから僕は「8人のイノベーターを僕がインタビューして、堀江さんがその原稿を読んでコメントをする」という企画を提案した。「コメントするだけなので移動中にスマホをいじるだけで完成する本です」とオファーしたのだ。結果、他社から殺到していた多くの出版オファーを飛び越え、僕の企画が『逆転の仕事論』という本になって実現した。

相手が何を求めているのか、どんな本性なのかを、相手自身が気付いていないところまで想像し、理解し言語化することができれば、なんの実績もなくても信頼を勝ち取ることができる。

そうなって初めて人間と人間として信頼してもらえるのだ。

相手が自分に憑依してくるまで、想像して想像し尽くせ。

編集者にとって一番必要な能力は何か。それは著者の生き方や考え方を、とてつもない解像度で理解することだ。

そこからしか企画は生まれないし、それができなければ信頼はされない。

人間は「この人は自分よりも自分のことを理解してくれているかもしれない」と思

ったときに好感を抱く。

特に、クセの強い経営者やクリエイターは孤独だから、この傾向が強い。

そのために必要なのが「憑依レベルの分析」だ。

相手が自分に憑依するかのように分析し想像する。僕はホリエモン、見城さん、ガーシーを憑依レベルで分析し、その内面を本にしてきた。

普通の人が近づくことすら躊躇《ちゅうちょ》する「怪獣人間」たちの内面を自分の中に溶け込ませてきた結果、ある程度感覚的に彼らの生き方や考え方を想像できるようになっていった。編集者に必要な他者への理解を習得していると思っていた。

先週、妻がフランスへ一人旅に行った。子供ができてから初めての海外旅行。僕は一人で夏休み中の小2と小5の子供を見ることになった。

しかし、これが驚くほどのアドベンチャーだった。

子供は起きるとすぐにお腹を減らす。とりあえず弁当を与えているとすぐに長男の塾の時間が来る。長男を塾まで送って家に戻ると次男が弁当をこぼしている。それを掃除するとすぐに次男の学童の時間になる。しかし「絶対に行かない」と宣言している。ここで説得して時間を無駄にするくらいならば行かせない方がいい。どうせ3時間後には帰ってくるのだ。仕方がなくホリエモンとのラジオ収録の現場にも連れて行く。「学童なんて行かなくていいんだよ」と言われ、嬉しそうにする次男。そこから一度も学童には行かなくなった。

とにかく時間を取られる。送ったり迎えに行ったり、休む時には連絡したり連絡がきたり。学童や塾の先生、おばあちゃん達とのやりとりは要領を得なくて時間がかかる。その間に何度もご飯を食べたりおやつを食べたりする。ゴミと洗濯物があっという間に溜まる。水もトイレットペーパーも足りなくなる。家のものが壊されたり、絨毯がクレヨンで染まったり、自分の充電器が隠されたりする。

僕がiPadで原稿を書いていると、ゲームをしたいから使わせろと邪魔してくる。追い返すとメルカリでポケモンカードを出品したいと絡んでくる。あまりのしつこさに、人生初のメルカリ出品を経験する。すると今度は5分おきに、売れたかどうかの確認をしてくる。

この4泊5日で原稿はほとんど進まず、腰と肩と首の付け根が悲鳴を上げた。

子供がいない独身男どもがＡＩに子育てさせろとかシッターを使えとかホリエモンみたいなことをＳＮＳで言っていると無性に腹が立つ。黙ってろ。そのＡＩとシッターには出来ない名前がつかない作業が膨大なのだ。

僕は「怪獣人間」たちの生き方や考え方を誰よりも理解し想像できる一方で、目の前にずっとあった生活者のリアルを何も知らなかった。

ドバイのガーシー軍団よりもインドの雑踏よりも未知なるものは家庭にある。

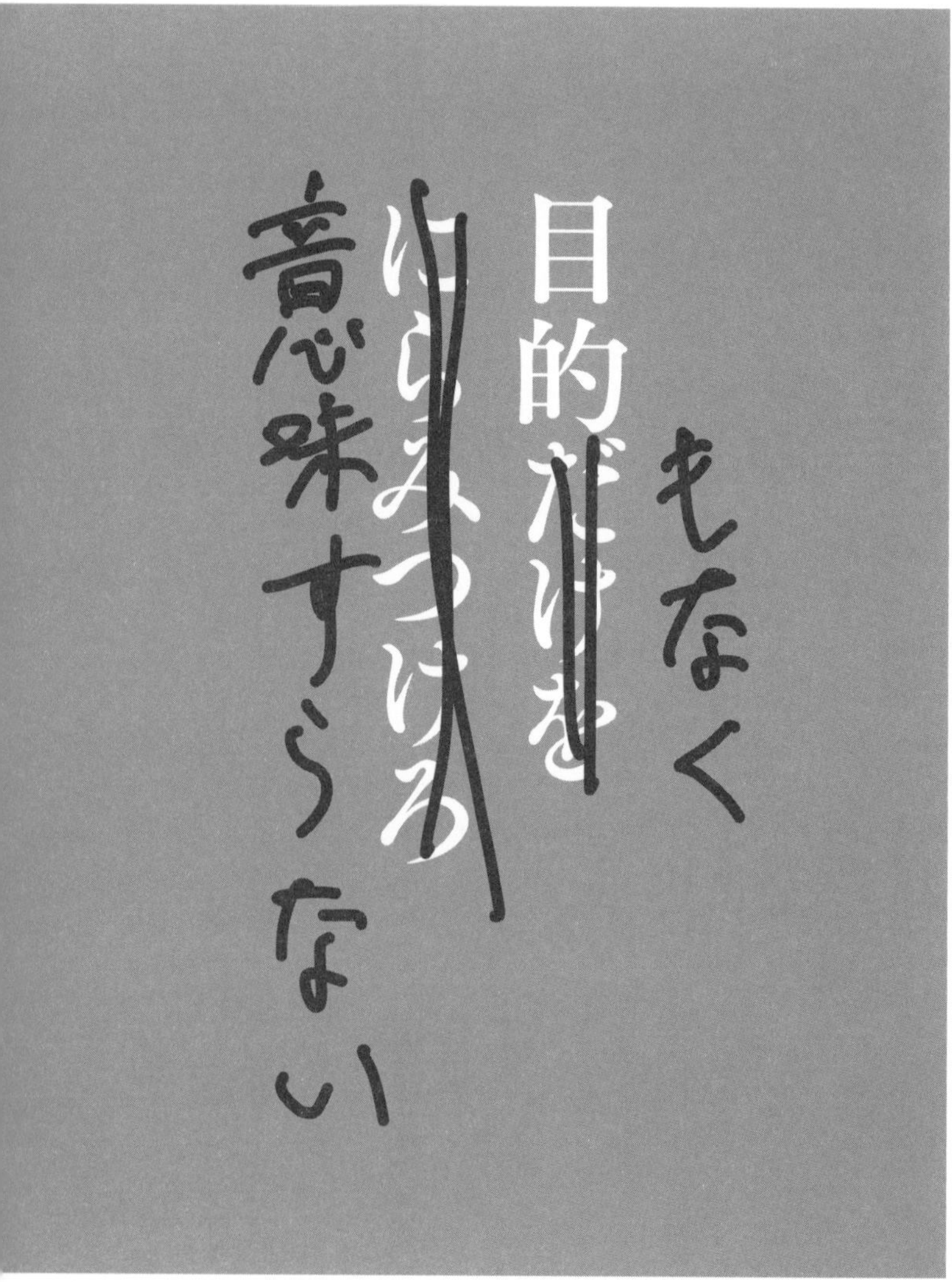
目的だけを
にらみつけろ
もなく
意味すらない

第5章
［人間関係の作り方］
当たり前の生活をせよ

　僕は自分が編集する本の著者とは、ある意味で親友、戦友、悪友のような関係になることが多い。しかし、勘違いしてはいけない。あくまで見るべきは著者ではない、読者だ。過程ではない。結果だ。出版業界では編集者は著者の機嫌を伺いながら、10歩くらい後ろを歩くのが普通だという考えがある。しかし僕は著者とはフラットな関係でいようと考えている。

　サイン会やトークイベントで著者の隣に寄り添って四方八方にひたすら頭をペコペコする。そんな機械的な御用聞きみたいなことをやっていても仕方がない。そんなものは著者のためではなく自分の自己満足だ。

　大切なことは、いい本を作り、売るためには、なにが必要なのかと死に物狂いで考えて、実行する。そのためにペコペコすることが有効な手段だったら首が折れるまでペコペコする。

　僕が作っている本は基本、インタビューをベースに最初の原稿に起こす。インタビュー中には相手が言いたくないことや原稿にできないことまで、根掘り葉掘り聞く。インタビュー中に盛り上がって１００聞いたとしても、いざ原稿になり本となる過程で削られて80になることが多い。だから削られた結果としても１００になるように、インタビューの場では１２０まで踏み込んで、エグイくらいに聞いたほうがいい。相手のご機嫌など伺わず、急所に切り込めなければ意味がない。「作家先生」と必要以上に敬っていると、通り一遍な質問しかできない。当然相手もそのレベルでしか話してくれない。こっちが勝手に自主規制してしまってはいけない。編集者は書き手のフアンではなく、読者の代表なのだ。

僕の場合は「この子、バカなのかもしれない」と思われるくらいに何でも突っ込んで聞いてしまう。すると、相手もガードを下げて普段話さないことまで打ち明けてくれることが多い。たとえば、「ある女性とご飯食べててさー」と言われても、真面目な人ほど、どうせ原稿には書けないだろうと思って流してしまうけど、僕なら絶対「それって誰ですか？　あの芸能人ですか？」と無邪気に聞く。失礼な奴だな、と思われてもいい。そこから、本物の言葉が、生身の人間性が溢れ出してくる。

絶対に言ってはいけない秘密なのに、「この人に言ってしまいたい」と思われる人間になれるかどうかが編集者として重要だ。僕は口が軽くて有名だが、日本中のタレコミ情報が集まってくる。形式的な仕事をしている人間に人は心を開かない。

僕にとっての目的は、あくまで良い作品を作って売ることであって、いくら著者のことが好きであっても、気に入られることは目的にはならない。だから僕は、怒られるかもしれないと考えて何かを躊躇《ちゅうちょ》することはない。作品が良くなるのなら言いにくいことも言う。それは、その瞬間嫌われても、売れればいいと思っている。地雷を踏みながらでも、ゴールまで駆け抜けてやるみたいな感覚。萎縮することもない。

なぜなら、いくら良好な関係だったとしても、まったく本が売れなかったらお互いにもう一緒に仕事しないからだ。そこはシビアだ。ビジネスというのは友達ごっことは違う。結果と結果、力と力で向き合うしかない。しっかりと自分が思うことを伝え、良い作品に仕上げる。それが売れれば、その過程でどんなに「こいつ、図々しいな」と思われても、評価は一気に逆転する。編集者と著者の関係を超えていく。

僕は結果的に、本を出した著者とは、単なる著者と編集者を超えた関係になっている。見城徹が社長を務める幻冬舎の社員になり、堀江貴文のオンラインサロンで編集学部教授を任せてもらっていて、NewsPicksの佐々木紀彦とは「NewsPicksアカデミア」というサービスを立ち上げた。他にも数限りなく、本を作ったあとには本を超えて繋がっている。それは僕が著者の顔色ではなく目的を見ているからだ。結果が出ないいい人より、強引にでも結果を出す変態に仕事は集まる。ホリエモンにNewsPicks COMICの編集長に就任してもらうときも、飲み会で一言いえばＯＫをもらえる。

普段なかなか動かない案件もＬＩＮＥ一本、電話一本で「箕輪ならしょうがねえ」と大きな話を決めることができる。それは箕輪ならなんだかんだカタチにするだろうと信頼してもらえているからだ。媚《こ》びを千回売っても信頼は生まれない。衝突、もめ事上等で、ただ目的地だけをにらんで走り抜けろ。

目的を達成することは仕事人として何よりも大切なことだ。

しかし技術が進化し情報が溢れている現在、機能的な役割を担うということは代替可能な存在になることを意味する。

著作家の山口周さんがこれからは「『役に立つ』より『意味がある』に価値がつく」と言い多くのビジネスパーソンが納得した。

「役に立つ」という機能性で競争するとトップの一つしか生き残れない。二番目に役に立つホチキスや地図はいらない。

そこで「役に立つ」ではなく「意味がある」にシフトすると、その競争から逃れられる。

例えばタバコであれば、同じ銘柄のタバコを吸っている俳優の映画が頭に思い浮かんだりする。個性の数だけモノが存在できて、ニッチで豊かな経済圏を構築できる。車であれば、機能に優れたトヨタ車よりブランドとしての意味合いを感じるフェラーリやランボルギーニのほうが数倍の価格で売れる。

「役に立つ」より「意味がある」。これは今の時代を生きるビジネスパーソンの合言葉となった。僕はここからさらに進み「意味がある」から「意味すらない」へのパラダイムシフトが今後起きると予想している。

コルクの佐渡島庸平さんと一緒にサウナに入っていたら、佐渡島さんが面白いことを言っていた。

グラフを思い浮かべてほしい。横軸のプラス方向は「曖昧」、マイナス方向は「絶対」。縦軸のプラス方向は「創造」、マイナス方向は「模倣」にする。

スポーツでも勉強でも、最初はとても曖昧で模倣度が低いところから始まる。お手本となる先生や教科書の模倣をすると、少しずつ上達して模倣度が高くなる。「曖味」とは逆ベクトルの「絶対」とは何か。「絶対」とはみんなが理解できるもの。「絶対」の象徴はお金だ。「絶対」×「模倣」はビジネスで勝つという世界観。

そしてある程度競争に勝つと、人は「創造」へと向かう。絶対的であり、なおかつ創造的。これはどういう状態か。「ご飯がおいしい」とか「サウナに入ると気持ちいい」といったように、みんなが共感できる感情や感覚が「絶対」×「創造」の領域だ。少年ジャンプのようなエンタメ。ブランドでいうとナイキとかアップルのようにみんなが理解できる絶対性の中で創造的なポジションを取る。

つまり人は誰しも曖昧な状態で模倣しながら学習し、成長する。「絶対」×「模倣」に到達すると、人は次に「絶対」×「創造」に向かう。そして最終的に「創造」×「曖昧」に行き着くのだ。

「絶対」×「創造」をエンタメやブランド。「創造」×「曖昧」をアートだとイメージするとわかりやすい。

コンテンポラリーアートの世界では「無」によって「無限の有」を想像させる作品がある。

ＡＩが人間の機能性をほとんど代替するようになると、人間のやるべきことは「役に立つ」から「意味がある」に移り、さらに「意味すらない」ものへ変わっていくのだ。

第6章
[生き方]

熱狂~~せよ~~は気まぐれだ

大半の仕事をロボットがやるようになれば、人間は人間にしかできないことをするしかなくなる。合理性から逸脱した偏愛。すべてを失ってでも没入する熱狂。リスクや計算では計れないものごとに価値が生まれる。努力は夢中に勝てない。

ただ熱狂せよ。

第6章
[生き方]
熱狂は気まぐれだ

出版不況の時代に今までなかった方法でヒットを出しているからか、マーケティングや販売戦略についてのインタビューがよく来る。

聞かれるから答えているだけだが、そういったインタビューが世に出回りすぎた結果、「売り方の話ばかりしている編集者はどうなのか」という批判を言われることも多い。しかし、僕ほど売れること自体を目的にしていない編集者も珍しいと思う。

たまに他の編集者の打ち合わせや企画会議に同席することもある。

「この手のタイトルが売れてます」「カバーはいまこういったモノが流行っています」という作戦会議を著者としていたり、過去の類書の実績などを根拠に書籍企画を作っているのを見ると驚く。そんな画一的な仕事はＡＩにでもやらせておけ。僕はそんなマーケティングありきの仕事をしたことがない。

僕はただ自分が読みたい本を作るだけだ。その最初の瞬間には、売れるか売れないかなどどうでもいい。自分が好きな本を好きな著者と作る。それだけ。『ドラゴン桜』や『宇宙兄弟』の編集者・佐渡島庸平が語るコミュニティ論をぼくはずっと参考にしていた。「箕輪編集室」のコミュニティ設計もNewsPicks Bookの読者の囲い方も佐渡島さんのアドバイスに大きく助けられている。

その佐渡島さんのコミュニティ論を僕がもっと知りたいから『WE ARE LONELY, BUT NOT ALONE.』というタイトルで出版した。普通、英語のタイトルの本は売れないから編集者は断る。でも僕は売れる、売れないを理由に本を作ることはない。あくまで自分が読みたいかどうか。

よく編集者がカバーデザインや帯コピーの作り方を講義している。読者に伝わりやすい効果を書け！とか著者の実績を大きく入れろ！とか。

しかし僕はそんなことを意識して作ったことはない。10万部を突破した『読書という荒野』では、秋元康に推薦文をもらった。「見城徹の読書は血の匂いがする。ただ、文字を追って『読了』と悦に入っている輩など、足下にも及ばない。書を貪り喰ったものだけが知る恍惚の表情を浮かべている。著者の内臓を喰らい、口から真っ赤な血を滴らせている」。この文章を見た瞬間、すぐにカメラをギラリと睨みつけるアウトレイジに出てくるヤクザのような見城徹を撮影しようと思いついた。カバーに読書の効能を訴える文言を入れる気なんてない。僕がその表紙をただ見たくなったのだ。

落合陽一『日本再興戦略』も同じ。本の具体的な中身など説明しない。帯には僕が好きな彼のツイートをそのまま載せた。「ポジションをとれ。批評家になるな。フェアに向き合え。手を動かせ。金を稼げ。画一的な基準を持つな。複雑なものや時間をかけないと成し得ないことに自分なりの価値を見出して愛でろ。あらゆることにトキメキながら、あらゆるものに絶望して期待せずに生きろ。明日と明後日で考える基準を変え続けろ」。本の中身が伝わらなくてもいい。僕がこの言葉をただ好きなのだ。

青木真也の『空気を読んではいけない』も僕が当時使っていた品川駅の港南口のサラリーマンの大群の中に、上半身裸の青木真也を立たせたいと考えた。世間から逸脱した格闘家の異様な光景を想像し、見てみたくなった。それだけだ。

デザイナーに対して、売れている本のデザインを持っていき「こんな感じでお願いします」と言うことも絶対にない。今、NewsPicks Bookのデザイナーの元には「NewsPicks Bookっぽくお願いします」という依頼が殺到しているらしい。とても光栄だが、僕はそういうことはしない。それで売れても嬉しくないからだ。僕は僕が読みたいものを作って、僕が見たいデザインにしているだけ。

ＳＮＳやコミュニティを駆使して売っているように見えるかもしれないが、順番が逆だ。まずは自分が好きなものを作る。好きだから一冊でも多くの人に届けようと努力しているだけ。どれだけ健康本が売れていても健康に興味がないから僕は作れない。あくまで自分が熱狂できるかどうか。世界中の誰も興味持たなくても、もし自分が最高の本だと思えれば僕はそれでいい。死ぬときに自分の編集した本を本棚に並べて、ときめくことができればそれが成功だ。本なんて売れなくても誰も死なない。会社がちょっと損するだけだ。大切なのは自分の心がどれだけ動くか。だから僕はただひたすらに自分の感覚で自分が読みたいものを作る。こっちから読者や時代に合わせに行くことはない。

熱狂こそが、仕事にオリジナリティを生み出す。

ＡＩが加速度的に進化を繰り返す世の中にあって、これからはより一層、人間の熱狂による非効率で非生産的なエネルギーみたいなものが貴重になる。効率的な生産をするだけならば、人間は劣化したＡＩを目指すことになるからだ。

僕が貧乏だったころの一番の楽しみはサウナとラーメンだった。

「おふろの王様 大井町店」で搾り取るように汗をかき、帰りに「家系らーめん 武蔵家 大井町店」に寄る。キャベチャーだけでビール2杯行き、締めとしてラーメンを一気に吸収する。これが僕の幸せの原点。翌朝の後悔までを含めて人生に必要な毒だった。

僕はその原点に戻り、昨年「ラーメン箕輪家」を創業した。コンセプトは「わかっちゃいるけどやめられない。後悔するために生きている」だ。

人間というのは健康になりたい、ダイエットしたいと思いつつも、真逆のことをやってしまう。「これは体に悪いよな」「明日絶対後悔するよな」とわかっていても、食べてしまう時がある。

健康合理性を追求するなら、毎日野菜をたくさん食べて余計な油分は控えたほうがいい。でも理屈に合わないことをやってしまうのが人間だ。

吉野家の常務取締役が「牛丼で生娘をシャブ漬けにする」と語り大炎上したとき、僕は「ラーメンでおっさんをシャブ漬けにする」という方向性に決めた。

店長に指名したまるちゃんは、かつて僕のトゥクトゥクの運転手をしていた自衛隊上がりの丸坊主だ。

その後、「カンボジアが経済成長するから何か仕事を探して来て」という僕の指令を受けてカンボジアに飛んだ。

しかし、カンボジアで稼ぐ方法を探し始めたまるちゃんは、その直後バイク事故を起こし足を骨折する。なんとか一命は取り留めたものの、あの元気なまるちゃんが完全に気を病んでいると聞いた。

僕は「ラーメン屋できる？」とメッセージを送った。すると「足が折れてます」と悲しげな返事が来た。僕はすぐさま「足が折れていても湯切りはできるでしょ」と返した。「湯切りならできます！」と返事が来た。

ＡＩなら「それはできません」と答えるはずだ。人間は何も考えないくらいが強い。絶望の縁に立たされていたまるちゃんは、復活してラーメン屋の店長に生まれ変わり日々熱狂している。

熱狂こそが人間の残された価値だ。だが、人は常に熱狂できるわけではない。たまに孫正義のようなずっとエンジンかかりっぱなしの人もいるが、サウナで身体を温めたら、水風呂で冷やし、外気浴でぼーっとする。このサイクルで人間は生きていく。だから熱狂している人に引け目を感じることも熱狂することのない自分に焦ることもない。

トンビが獲物を見つけるまで、あてもなくフラフラと飛び回るように、曇りや雨の日も人生には必要で、次の熱狂のためのエネルギーを補充しているのだ。

数字から逃げるな

自由になる

「自分が作りたい本を作れれば売れなくてもいい」とロマンを語る編集者がよくいる。その気持ちは分かる。僕もそうだ。しかし作りたい本を作るための土壌はまず自分で整えなくてはいけない。前述したことと矛盾するようだが、好き放題をやり続けるには、金がいるのだ。

会社の金を使って赤字を垂れ流して「作りたい本を作れればいい」などというのは甘えに過ぎない。自分の金でやれ。そして、そういった人間が作るものはたいていの場合、おもしろくもない。覚悟がないからだ。覚悟が甘い人間のコンテンツはゆるい。ビジネスでやっているのだから、儲からなければいずれ終わる。

自分が好きなことをやるために、自分が好きな本を作るために、わがままで自由でいるために数字と戦わなければならない。

出版不況のさなか、新しいレーベルを立ち上げるのは容易なことではない。

NewsPicks Bookを立ち上げると決めたとき、社内の人たちから一番言われた言葉はこれだ。「もしNewsPicks Bookが売れなかったらすぐにやめられるのか？」

何を弱気なことを言っているのだ、と思ったが、その指摘はまっとうだ。視聴率の悪い番組が打ち切りになるように、売れないレーベルは閉じざるを得ない。

NewsPicks Bookを続けるために、僕は編集長として数字を出さなければならない。

今では当たり前のように全国の書店にNewsPicks Bookコーナーができているが、書店で棚を取るのは大変だ。書店だって売れない本を並べる余裕はない。売れる本から順番にいい場所に置いていく。売れない本はお客さんの目にすら入りにくい場所に置かれる運命になる。

結局は本が売れるか、売れないか。その数字が、シビアに問われる。

絶対に外せないと思った僕は、堀江貴文の『多動力』をNewsPicks Bookの第二弾で出した。数字を取りに行く。僕の中で明確な意思を持っていた。本の作り方から、プロモーション戦略に至るまで、売れるということから逆算して、僕のそれまで培ってきた全知見、全人脈を賭けて一滴の水もこぼさぬ覚悟でやりきった。

結果、怒涛の勢いで売れ続け、30万部を超える大ベストセラーになった。

『多動力』が売れたことによってNewsPicks Bookは売れる!という信頼が生まれ、書店のいい場所を確保し始めた。そして、その後のNewsPicks Bookもまるでバトンを繋ぐようにしっかり数字を残し、今ではビジネス書と言えばNewsPicks Bookと言えるくらいビジネス書の棚を占領している。だから今では、どの本も初速がいい。

「好きなものを作る」「やりたいことをやる」というのは大切だ。それがすべてだ。

しかし、そのためには結果が必要だ。自由になるためには数字がいるのだ。

あまり知られていないがNewsPicks Bookの収益モデルは特殊だ。NewsPicksアカデミアという月額５０００円のサービスがある。１年たって会員は３０００人を超えた。アカデミア会員はNewsPicksアカデミアが主催するイベントに参加でき、NewsPicks Bookが毎月１冊自動的に送られる。幻冬舎にはその会員分の書籍売り上げが入ってくる。今では毎月数百万は安定的に収益が上がるようになってきた。

この構造によって、NewsPicks Bookは書店で１冊も売れなくても赤字にならないシステムを構築した。ベストセラーを連発し書店の棚を命がけで確保しに行くのと同時に、本のヒットに頼らない安定的な収益を得るビジネスモデルも作り上げた。

だから、NewsPicks Book は英語のタイトルでも、極端なデザインでも、無名な著者でも僕がいいと思えば出版できる。売れるかどうかは気にせず僕が好き勝手にフルスイングできる。わがまま放題。そしてその勢いが読者に伝わり、また売れていく。

しかし、好き勝手に暴れるためのベースは計画的に着々と作ってきたのだ。

評論家の宇野常寛は「箕輪さんはタバコが売れない時代に喫煙所を作ろうとしている。そのスタイルを批判している旧来の編集者は実際には何もしていない」と番組でコメントした。

好きなことをやる、というのは重要だ。そこから逃げるな。しかし、そのために数字から逃げるな。金を稼げ。金を稼いでロマンを語れ。

「数字から逃げるな」とは、つまり客観的な評価に向き合えという意味である。

いい本だとか悪い本だとかは主観であり、個人の感想だ。しかし部数だけは客観的な事実である。ビジネスパーソンとして仕事をする上ではあくまで数字と格闘し、数字で実績を語る。つまり仕事で成功したかったら数字から逃げてはいけない。

しかし、「幸せ」という意味で考えると、話は変わる。

「幸せ」かどうかに数字は関係ない。自分で自分は幸せ者だと思えれば幸せなのだ。

年収１億円でも不幸な人がいるし、年収３００万でも幸せな人もいる。

つまり「成功」かどうかは社会のモノサシが決め、「幸せ」かどうかは自分のモノサシが決める。

僕は常により多い部数を売ろうとし、より多くの金を稼ごうと頑張り続けてきた。夢中になり、結果が出て、興奮する。他人からも評価される。しかし、そこにあるのは幸せな状態ではなく、瞬間的な達成。すぐに次の達成まで走り始めないと興奮は終わってしまう。

仕事人として、アドレナリンに包まれながら狂ったように働く経験はとても得難いものだと思う。世界の輪郭に触れている錯覚がして人生の充実を感じる。

しかし半ば強制的に仕事を離れざるを得なくなって、ふと考えると、大して幸せそのものには近づいていないし、世界を変えている気がしたのも、ただの勘違いに過ぎないことに気付いた。むしろ見る人を変えれば世界を悪くしていた可能性すらある。

そんな中、やることもなくサウナに入り浸ると、朝から晩までサウナにいる謎のおじさんの存在に気が付いた。野良人間。会社からも数字からも完全に自由な誇り高き存在。彼らが何かをサボりながら飲むビールは、大富豪が何かを達成して飲む高級ワインよりも、その瞬間確かに美味しいはずだ。いや、そもそも誰かと比べる必要すらない。野良人間という生き方は一つの道としてありなのではないか。そんな考えを元に作った雑誌が『サウナランド』。その冒頭に書いた言葉がこれだ。

〝飼い犬、飼い猫、飼い人間。野良犬、野良猫、野良人間。世界にはルールがあって、世間には常識がある。

そこにうまく馴染めない人間の逃げ場所であったはずのインターネットは、もうハミ出し者を許せない。

画一的な競争を強いられるビジネスパーソンの列から抜け出し、「好きなことで、生きていく」ことを選んだユーチューバーも、気づけばアルゴリズムの歯車になっている。誰かが作った型にハメられ、誰かが作ったレールの上を走らされる。

そのシステムを破壊しようとしても、その行為すら大きなシステムの一部に過ぎない。

たぶん、世界を変えることはできない。

でも、世界から自由でいることはできるはずだ。〟

数字と戦うことで得られる快楽もあるが、数字から自由になった人だけが見られる世界もある。

自分の身体~~で~~は
~~実践する~~
汚れている

第6章
［**生き方**］
熱狂は気まぐれだ

なぜ他のビジネス書と違って、NewsPicks Bookには熱狂的な読者が生まれるのか。それは僕自身が原稿に熱狂しているからだ。僕は僕の作った本によって、できている。

ビジネス書の編集者は著者の話を何時間も聞き、ライターと一緒に原稿を作る。時には編集者が大幅に赤字を入れ、ほぼ書き直すこともある。そうなってくると著者の思考が自分に憑依してくる。口調も似てくるし考え方も似てくる。

読者には申し訳ないが、一冊の本によって一番成長するのは編集者だ。読むより作るほうが本のエッセンスが身に付くのは当たり前だ。

ホリエモンに「箕輪君はここ1年で見違えるくらいブレイクしたけど、それって『多動力』に書いてあることを実践しただけだよね」と言われる。

まったくそうだ、僕は『多動力』に書いてあることを片っ端から実行に移していった。マンガ化した『マンガで身につく 多動力』の主人公である堀口は僕がモデルだ。

ホリエモンから多動力のエッセンスを取材して、ホリエモンを自分に憑依させ、せっせと原稿を書いた。書けば書くほど多動力の神髄が分かってきた。

そうか、「多動力」というのは、あれもこれも手を出す力のように思えるが全く違う。自分にしかできないこと、自分がワクワクすることだけを選び取る力なのだ。こうやってホリエモンの本を編集者である僕が書いているのもまさにホリエモンの「多動力」なのだ、と本質的に理解した。

僕はホリエモンが動かない時間も彼の分身になって本を書いて彼の考えを世界に伝

えている。ホリエモンはホリエモンにしか作れないカルピスの原液のようなものを作って、僕のような分身がその原液を薄めて、世界にばらまいているのだ。だから傍から見れば一人の人間がやっているとは思えない数の仕事をすることができるのだ。

つまり「多動力」の本質とは「不動力」。

自分にしかできないこと以外は周りにふりまくる力のことだ。

こういった著者が発するメッセージの本質は、よほど読解力があるか、切実な問題として読書をしていないと見抜けない。

しかし本を編集していると文章の中に1文字でも腑《ふ》に落ちないところがあると気持ちが悪くて、出版したくなくなる。一文字一文字を身体に染み込ませるようによく考える。真剣に言葉と向き合っていくから、言葉の裏にある著者自身でさえも言語化できていない真理が見抜ける。

僕は誰よりも自分が作った本の真理を理解し、体現してまさに化身となる。

たった一人で熱狂し、空気を読まず、多動力を発揮し、己を奮い立たせながら、お金2・0の発想でビジネスをしている。

「変われ変われ」と読者に訴えているビジネス書の編集者が、10年前と同じスタイルで仕事をし、変わっていなければ僕は詐欺だと思う。しかし、はっきり言ってビジネス書の編集者ほどビジネスができない人たちも珍しい。

それは本の内容に編集者がワクワクしていないからだろう。本を売るために作業として本を作ってしまっては、読者もそこに熱狂しない。

プラトンは師ソクラテスのことをさして「なぜシビレエイが相手をしびれさせることができるのか。それはシビレエイ自身がしびれているからだ」と言った（『メノン』岩波文庫　藤沢令夫訳）。誰よりも作り手である編集者がビンビンしびれながら本の内容に熱狂し、体現していれば、シビレエイに触れる読者にも熱は伝わるのだ。

キングコングの西野亮廣さんに「箕輪さんは『ドラゴンボール』に出てくるセルのようだ」と言われた。セルは敵を飲み込み、その敵の能力を習得し、さらに進化してしまう最強の化け物だ。

まさに、そのとおりだと思った。僕は著者と本気で向き合って原稿を作り、それが本となって世に出る前に個人の生き方として実践してしまう。どんな読者よりも著者のエッセンスを吸収し僕自身をアップデートしていく。

周りが引くくらい著者と本に没入する。誰よりも感銘を受け、実行し、自ら本の化身となりながら、その本のメッセージを生き方をもって体現する。言葉の羅列を見せるだけでは人は動かない。僕自身が誰よりも原稿に入れ込んでいるから読者も熱狂してくれるのだ。

本をただ編集するだけではなく、本に書いてあることを読者よりも実践する。それが僕の編集スタイルだった。

本を編集しながら何十時間もテキストを読み込んでいると、著者のエキスが自分の中に入り込み、自分自身が少しずつ変わっていく。

ヤクザの役ばかり演じている役者が、プライベートでもチンピラっぽい格好や言動をしてしまうようなものだ。

もちろん次の本を作り始めると、脳髄《のうずい》の痺《しび》れが治まって頭は次第に冷える。だが役が抜けたあとも、自分の体の中に著者の思考癖、行動の型は残る。もともと持っている自分の生き方と溶け合い、複合的なアイデンティティが形成されていく。

見城徹という異形の個体と出会い、カジノで１０６億８０００万円を熔かした井川意高という稀代のギャンブラーと向き合い、ガーシーの生き様と同化する。

怪獣人間のような著者の本ばかり編集し、猛毒を飲み続けていたが、毒が抜けず残ってしまっている。

編集者はあくまで媒介者として、著者と世間をつなぐ存在だ。

ＡＩの本を作る時に、編集者がＡＩの専門家になってしまってはいけない。

「ＡＩに仕事を奪われるとかよく聞くけど不安だ。自分はこの先どうしたらいいんだろう」という自分の切実な疑問から本を作っていく。そうすれば、自分みたいな人が何十万人かいてヒットになるのだ。

僕の悩みが多くのビジネスパーソンのそれと重なっていた時は、僕の素朴な疑問がヒットに繋がった。

しかし、僕は怪獣のエキスを飲みこみ続けてきたことで、大きく世間一般の感覚から外れてしまった。

『怪獣人間の手懐け方』という本を編集していたら、「箕輪さん自体が怪獣ですよね」とよく言われた。僕は本当の怪獣の狂い方、暴れ方を知っているので、そんなことはないと言っていた。しかし、実は違うかもしれない。

「あなたは凡人じゃない。非凡だ」という褒め言葉だと思っていたが、これは「あなたの感覚はズレている」という警告ではないか。

自己認識と他己認識の間にズレが生じると、多くの問題が起きる。「オレは若手だ」「オレは権力と戦う側にいる」と認識していても、まわりの人から見たら老害で社会的強者なのかもしれない。ミイラ取りがミイラになるように、編集者であるはずの僕がモンスター化してしまっているかもしれない。

氷結のロング缶かショート缶かで切実に悩んでいた僕は、ハイボールをわざわざウーバーイーツで頼むまでに堕落してしまった。

編集者は究極の素人であるべきで、「素人」に求められるのは「こんなの初めて！」という新鮮な驚きだ。僕はもはや「素人」ではなく「熟女女優」になってしまった。そんなにすぐに濡れることはできない。

もはや人気ＡＶ「バコバコバスツアー」のバスガイド役しか残されていないのだ。

ブランド　アート

識者や業界人の

評価などいらない

に頼ったら老害

第6章

［生き方］

熱狂は気まぐれだ

『お金2・0』が2017年のビジネス書の賞を軒並み受賞したが、その選考過程の裏話がおもしろかった。

ある賞レースで『お金2・0』の宣伝手法があまりに露骨で賛否を呼び、出版社の編集者や評論家からの票はまったく入らなかったと言うのだ。しかし経営者と読者からの票が圧倒的で、特別賞を受賞したらしい。僕はそれを聞いたとき、とても嬉しかった。

僕は評論家や同業者から評価されるために本を作っているわけではない。現実を生きる読者や目の前のビジネスで格闘する経営者や起業家が、その本を読んで心が動かされたり、実際の行動を変えてくれるきっかけになればと思って作っている。

ビジネス書の目利きが毎日ビジネス書の評価をしている役立つメルマガがある。そこでは「著者の与太話を書いて、話題性だけで売れている」と『多動力』が酷評されていた。

その一方で僕の元には『多動力』を読んで人生が変わったと言う若者が多く集まっている。仕事をやめて大阪からわざわざやってきて、今僕のカバン持ちをやっている人間もその一人だ。

産業医の大室正志が自身のラジオで言っていた。

「箕輪さんの本を編集者の人って、編集が荒いとか雑だって言う人がいるんだけど、それってセックス・ピストルズに対してギター下手だって言うのと一緒。ナンセンス。出版、編集っていうのは上手い人はいくらでもいる。でも今ある土台をぶち壊すような新しい手法、壊す手法を箕輪さんはやっている」

田端信太郎がこの発言を受けて「拙著『ブランド人になれ！』の制作過程で気付いた。箕輪氏は出版界のセックス・ピストルズだ。彼は上手いか下手か？でなく、熱いかどうか？伝わるかどうか？に命を賭けているんだ」とツイートした。

動画クリエイターの明石ガクトは「箕輪さんの本はリアリティショーだ。評論家や引退したおじいちゃんが書く他のビジネス書と違って、まさに今、時代の先端で動いている人のリアルを切り取っているからおもしろい」と語った。

まさにそのとおりだと思って嬉しかった。僕は本の作り方のお作法なんてどうでもいい。本というのはかくあるべしという伝統なんて知りもしない。

本にはいまだに幻想がある。本を書く人は先生で立派な人だ、というのはまだ崩れていない。でも僕は本を書きたいと思っている人に本を書いてほしいとは思わない。目の前の仕事に熱狂し、本なんて書く時間のない人を強引に口説いて本を書かせたい。

実際、本なんて紙に字が印刷されているだけで、ものを伝達する手段のひとつにすぎない。問われるのはその１冊が誰かの心に深く突き刺さるか。実際の行動を変えるのかどうかだ。

インターネットが出る前は情報伝達手段が限られていた。テレビ、新聞、本・雑誌、ラジオくらいしかなかった。これらのメディアが情報を圧倒的に独占していた。活字でモノを伝えるのは新聞か出版物しかなかったから、そこに書かれている情報に実際的な価値があり、売れまくっていた。

出版人も自分たちは何か高尚なことをしているという自負を持ちながら働いていた。それ自体は悪いことではない。しかし、今や活字による情報やノウハウなどスマホがあれば無料で手に入るし、反対に出版社など通さなくてもツイッターやブログで誰もが世界中に活字コンテンツを発信できるようになった。

編集者が特別な仕事だという幻想などとっくに溶けている。

僕は究極、中身がすべて白紙の本であっても、人の行動を変えることができればいいと思っている。情報の価値自体がかぎりなく0円になっている今、本は体験を売るしかない。

この本で意識が変わる、見方が変わる、行動が変わる。これらの体験までデザインすることが重要だ。

僕はNewsPicks Bookで情報を売っているのではない。思想を売っている。そのあとのイベントやSNSでのフォローで体験をデザインし、行動を変えるところまで考えている。評論家が☆1を付けようがどうでもいい。

今何かと戦っている人の武器になってほしいと願っている。

識者や業界人の評価などいらない。業界の重鎮がスーツを着て集まるビジネス書大賞などにも短パンで出かけていた。

しかしある程度お金を掴み、ハングリーさが半減し、体力も落ちると、その失った勢いをブランドや権威で埋めようとしてしまう。

明石ガクトから「箕輪って、もうギラギラしてないじゃん」と言われた。

「何言ってんだよ。オレはDolce & Gabbanaの金のロゴが入ったパーカーをセットアップで着てるじゃん。十分ギラギラしてるよ」と反論したら「それは違う。箕輪はギラギラが足りなくなったから、服にギラギラを任せてるんだよ」と指摘された。

なるほどそういうことか。睡眠時間を削って編集の仕事に没頭していたころの僕は、ギラギラした服で自分を誇示する必要はなかった。内面のギラギラが下火になってきたから、それをゴマかすためにギラギラした服を着るようになったのかもしれない。

ある程度お金を持った人間はブランド品やアートなどを買い集める。

ＧＯの三浦崇宏と一緒にシンガポールへ飛んだ。三浦はブランドに詳しく、現地でLOUIS VUITTONやBALENCIAGAの店に入ってウンチクを語る。

三浦の説明を聞きながら、OFF-WHITEというブランドのファッションデザイナーはヴァージル・アブローだとか、初耳のウンチクがインプットされていった。

「箕輪はキャラ的にBALENCIAGAかOFF-WHITEだよ。OFF-WHITEは世の中に対して中指立ててるみたいな感じがあるでしょ」と三浦が言う。

「確かに俺のために作られているようなブランドじゃん」

ファッションに興味を持ち始めたのと軌を一にして、どういうわけかアートにも心惹かれるようになった。

武田双雲さんの鎌倉のアトリエに行って絵を紹介された。赤で覆い尽くされた地獄の底のような絵と、黒で塗りつぶされ、「無」という書があしらわれた絵に心惹かれた。僕の知られざる闇を表現していると感じ数百万円分を一気に買った。

村上隆さんから「今マンハッタンで一番イケてるアーティストが東京に来てるんですよ。見に行きましょう」と誘われ、ギャラリーに出かけた。ニューヨークのマンハッタンで拾ってきたゴミを使い、若手アーティストが作ったアートだ。

１９６０～70年代のやさぐれたハーレムの街を彷彿《ほうふつ》とさせるアートで、プラスチックカゴの中に空気が抜けたバスケットボールやサッカーボールが押し込まれている。見た瞬間「クールだな。このアートは俺そのものだ。俺のために作られたやつじゃん」と思った。「これ、買います」と言って即決した。60万円だった。

自宅に納品され満足していたら、子どもがオモチャだと思ってボールを全部取り出してしまった。

「遊ぼうと思ったのに。パパ、これ空気入ってないよ」と言う。元に戻そうにも、アーティストが絶妙にバランスを取ってハメ込んだものだ。もはや自力では復旧できない。

部屋に散乱する空気の抜けたボールたちが、自分の姿のように映った。

誰にでも
~~この世に~~
受け入れられ~~ない~~るべき
~~才能を愛する~~
魅力がある

第6章

［**生き方**］

熱狂は気まぐれだ

２０１８年1月、僕は冬のボーナスを握りしめてシンガポールにいた。

丁か半か。吉か凶か。僕は初めて訪れたカジノでバカラ台に臨んだ。

カジノにエスコートしてくれたのは、大王製紙の元会長・井川意高《もとたか》。会社のカネを使い込み、１０６億８０００万円をカジノでスッてしまった男だ。

東京地検特捜部に逮捕された井川は、会社法の特別背任罪に問われて懲役4年が確定する。刑務所から仮釈放されてシャバに出てきたとき、無駄な肉が顔から削げ落ち、織田信長を彷彿《ほうふつ》とさせる精悍《せいかん》な面構えをしていた。

バカラの鉄火場で転落する一部始終を、井川さんは著書『熔ける』に記した。

僕は冗談半分で、まだ残っている金を全部つぎ込んで『熔ける2』を作りましょうと提案し、出所して改めて乗り込むカジノに同行させてもらったのだ。

初めてバカラ台に座る井川さんを見た。それはまるで修行僧のようだった。

高級ホテルのスイートルームを押さえておきながら、部屋に帰るのはシャワーを浴びるときだけ。スニッカーズ片手に24時間全く寝ずにトランプをめくり続けていた。

数千万単位の金を得たり失ったりする。想像していたような、ギャンブルに溺れる男の姿ではなかった。素振りを繰り返すイチローのようにストイックに顔色一つ変えず、ただひたすら淡々と出目を記録しトランプをめくっていた。

他の同行者との食事の時間になっても、自分は行かないと言いトランプをめくり続けた。そして帰国の日、数千万勝っていたはずの掛け金が少なくなり、その負けを取り戻すという理由で彼だけ帰国日を延ばし、飛行機をキャンセルした。

世間の常識や倫理など関係ない。自分の本能と欲望に従い、己のルールで生きている。

ホリエモンと井川さんは「東京大学出身」「東京地検特捜部が逮捕」という共通点がある。そこで企画したのが、２人の対談本『東大から刑務所へ』だ。ホリエモンと井川さんは刑務所に入ったあと、さすがに少しは反省したものとばかり思っていた。しかし、対談を収録してみれば2人は刑務所生活で何一つ変わっていないことが分かった。

ホリエモンはよりホリエモンらしく、ふてぶてしくも大胆に進化し、井川意高も同様で、井川という人間の輪郭をより鋭角にしていただけだった。

何か学びを得るどころか、「逮捕されて良かった」「本当の自分に出会えた」と居直っているのだ。

「人生いろいろな垢《あか》がつくから、刑務所にたまに入るのも悪くないですな」「獄中デトックス、獄中ダイエットだよ」「六本木で飲むドンペリよりも、刑務所で運動したあとの麦茶がウマかった」と笑っている。

このような世間の常識から自由な人間は、世の中の一般人にはとうてい受け入れられない。秩序を乱しかねない危険人物だと認識される。

だが、２人が「個体の掟《おきて》」で生きていることだけは確かだ。この対談を「人生の頂点と底辺を見た人間の教え」として編集することもできた。そっちのほうが売りやすく、分かりやすいメッセージになる。しかし僕はまったく反省せず、個体としてありのままで生きている２人の対談をそのままの状態で出すことに決めた。

東京駅でこの本を買って大阪駅までの新幹線の車内で読む。何らかの人生訓を得ようと思った読者に「こいつら全然反省してねえじゃねえか」と脱力してほしい。

「オレなんて逮捕されるほど悪いことしてるわけじゃないんだし、つらくてもがんばらないとな」とクスリと笑ってほしい。

毎日のように人身事故が起こり電車が止まる一方で、獄中に堕《お》ちてすべてを失っても、あっけらかんと人生をエンジョイしている人もいる。そういう人が世の中にいることを知るだけで、心が楽になればいい。僕はNewsPicks Bookというビジネス書の編集者をやっているから誤解されるが、ビジネスノウハウや人生訓を垂れたいと思ったことはない。自分のやりたいことに忠実であれと訴えている。

水と油のようにどんなにかき混ぜても世間と混ざり合わない異物を世に出して「いろんな生き方」があるんだな、と思ってもらえればそれでいい。

生き方や人生に正解はない。自分をさらけ出して、個体として生きよう。

日本中を騒がして捕まったホリエモン。カジノで１０６億８０００万円熔かして捕まった井川さん。レバノンに逃げたゴーン。ドバイに逃げたけど捕まったガーシー。

なんで僕は、こういった「やばい」人の本を作るのか。

それは世間と混ざり合わない異物が好きだからだ。

僕は起業家の本も作るが、時価総額や事業モデルに興味があるわけではない。

それまでの世界の常識やルールをまるで知らないかのように、新しい世界を発想し、実現に移そうとする生き方が好きなのだ。

僕は、自分が「ありたいようにある」社会がいいと思っている。周りの目や空気を必要以上に気にして本来の自分を押し殺すのではなく、自分がありたいようにある。当然、人に害を与えたり罪を犯したりすれば罰を受けるのだが、その何歩も手前で、自分の衝動や本能を抑えてしまっているように感じる。

なぜ、ありたいようにあれないのか。

誰もが生まれた瞬間はありたいようにある。赤ん坊は周りの目を気にして泣くのを我慢したりしない。子供は泥だらけになって遊ぶのを躊躇《ためら》ったりしない。

しかし小学校に入り、当たり前のように同じようなランドセルを背負わされる。中学、高校と周りと同じように振るまうことが良しとされる。

少しでもその枠からはみ出ると怒られる。これを何度も何度も繰り返していくうちに「ありたいようにある」ということができなくなる。次第にそもそも自分がどうありたかったかも忘れ、自分が社会の一部になっていく。コロナが落ち着いてもマスクをなかなか外せない人たちのように。

それが大人になるということであり、その結果が日本の規律の高さだとも言えるが、単なる同調圧力に対する怯えに過ぎない。

人間は社会の調和を保つために生まれてきたわけではない。

「日本では『みんなちゃんとしているのだから、あなたもちゃんとしなさい』と子供に注意し、インドでは『あなたもダメなんだから、人のダメなところも許しなさい』と諭す」という話がある。

「ありたいようにある」ためには、そっちのダメさもわかってるから、こっちのダメさもちょっと許してねという、心地のよいゆるさが大切だ。

人間なんてみんなまともな顔して薄皮一枚めくったら、誰にも言えないことを平気で一つや二つ抱えている。

そういう当たり前のことを理解しておくことが大切なのだ。女と話したことがない童貞が女を必要以上に神格化するように、人間が人間というものをきれいに考えすぎている。人間は、ドロドロしたものだ。あなたと同じように。だからこそ面白い。

僕は、この世界とはどうやっても混ざり合わない異物を本にしたい。その生き方はあまりにも極端で、まったく共感できないかもしれない。

生き方に賛同しろと言っているのではない。何かが狂ってしまった人間に触れることで、自分の思い込みが破壊され、その切れ間に一瞬本当の自分が見える。僕はそれを見せたい。

努力は夢中に勝てない

意識高い系ブーム後の「脱競争論」

第6章
［生き方］
熱狂は気まぐれだ

僕は猛烈に働いているように思われることもあるが、誰かに強制されているわけではないし、好きなことを、好きな分だけやっているだけだ。

大事な打ち合わせがあっても、天気が良くてプールに行きたいと思えばプールに行く。僕は意識的に、自分の心がワクワクするかを行動基準にしている。

なぜなら「努力は夢中に勝てない」から。僕が編集した『己を、奮い立たせる言葉。』（岸勇希）に出てくる僕の好きな言葉だ。

当然、仕事をしていれば苦しいこともあるし、朝は絶望的な気持ちにもなる。しかし、どれほど努力をしても夢中な人には勝てない。義務感で仕事をやっている人間は、ヨダレを流しながら寝ることも忘れて没入している人間には絶対に勝つことはできない。だから僕は自分が夢中になれるかどうか、その心の動きを大切にする。

著者が自分に憑依するまで著者を愛し、あらゆる手段を使って著者の声を届ける。そのために圧倒的にやる。寝ても覚めてもスマホをいじり、ツイッターを観察し、本が売れる材料があればすぐさま拡散する。著者が国民的女優と熱愛しているという報道をキャッチすれば、自ら親友と名乗り本を片手にワイドショーをジャックする。ここが僕の強さだ。仕事とプライベートの境目はないし、24時間休みはない。

しかし、もし「これがオマエの仕事だ」と上司から命令されてやっているのであれば、ノイローゼになってしまうだろう。僕は好きでやっているだけだから、ここまで狂えるのだ。

「努力は夢中には勝てない」という方程式は、編集者に限らずすべての仕事に共通する。目の前のことにどれだけ夢中になれるか。熱狂できるか。夢中の前ではどんな戦略もノウハウも無力だ。

政府が一律で国民にお金を配るベーシックインカムの導入が各国で議論されている。ベーシックインカム導入までどれくらいの時間がかかるかは分からないが、稼ぐために働くという生き方が減っていくのは間違いない。ＡＩが発達し、農作業も配送業もロボットが寝ずにやるようになる。すると圧倒的に生産コストが下がる。月額いくらか払えば衣食住が保証されるサービスをフェイスブックやアマゾン、ZOZOが始めてもおかしくない。労働の時間は減り、お金の価値は下がり、やりがいや生きがいの価値が上がっていく。

箕輪編集室ではメンバーは金を払いながら働いている。旧来の価値観を持った人からすると理解できないと思う。しかし、お金に興味がない若い世代にとっては、やりがいがある仕事はもはや労働ではなく遊びなのだ。

一億総老後時代のように、自分が人生をかけるほど好きなものを皆が探すようになる。今まではお金を稼ぐのが上手な人が豊かであったが、これからは夢中になれるものを見つけている人が豊かになる。儲からなくても夢中な何かがある人は幸福で、お金はあっても何をしたらいいか分からない人は苦しくなる。

「奴隷の幸福」という言葉があるが、何かを強制されている状態とは、ある意味で楽なことだ。しかし、これからは自ら夢中になれるものを見つけにいかないといけない。自分が夢中になるものを見つけるためには行動するしかない。

第6章
［**生き方**］
熱狂は気まぐれだ

> ウダウダと考えすぎずに、どんな仕事や誘いでも「やります」「行きます」を口癖にして、とにかく動く。そして小さな成功体験を重ねる。人は全く手の届かないものをほしいとは思えない。小さくても出来ることを繰り返していると、人生をかけて夢中になれることがやがて見つかる。
>
> 人生とはそもそも、自分が夢中になるものを探す旅なのだから、人生を賭けるほど夢中になれるものを見つけることは簡単ではない。
>
> 大切なのは常識に縛られないこと。個体としての欲望と偏愛を解放しろ。ごちゃごちゃ言う前にとにかく動け。
>
> リスクと思っていることは全部、仮想的なものだ。人生など長いドラマであり、ロールプレイングゲームに過ぎない。失敗もトラブルも全部、話をおもしろくするためのイベントだ。
>
> 今ほど挑戦する人が楽しい時代はない。死ぬこと以外かすり傷と叫びながら、ただ狂え。

『死ぬこと以外かすり傷』が勢いのある若者を中心に売れていく一方で、「なんか辛くなる」「しんどくなる」というようなネガティブな意見もあった。

これはいわゆる意識高い系に対する否定的な見方とも似ている。

いくつか理由があると思うけれど、その一つに「競争せよ」というメッセージに対する嫌悪があったと思う。

ＳＮＳを見ると、何かを競い合っている人ばかりが目について、何もしてない自分はなぜ漫然と生きているのだろうと焦りを感じてしまう。

そんな中、競争を執拗に煽られるとしんどくなる気持ちも分かる。

冷静に考えたら、競争しなくてもいいはずだ。猫だって、犬だって、ライオンだって、不毛な競争はせず、ご飯を食べるか交尾をするか、生きていくため、子孫を残すために必要なことをする時以外はゆっくりしている。

しかし『暇と退屈の倫理学』にもあるように、人間というのは暇と退屈に耐えられない生き物なのだ。

人間は暇と退屈に耐えられないがゆえに競争をする。その結果、これほどまでに社会を発展させてきた。

しかし、その性質が間違った方向に行くと、過労死するまで働いたり、戦争するまで争ったりしてしまう。何かを突き詰めずにはいられない、なんとも切ない生き物なのだ。

世界を変える起業家も、生物の本能レベルで見ると競争しないことに耐えられないだけなのだ。

崇高で高尚なビジョンはそのための後付けエンジンに過ぎない。そういう意味ではプーチンもバイデンも、マスクもザッカーバーグも右翼も左翼も、双子の兄弟のようなものだ。

僕も毎年ヒットを出さないといけないと病的なまでに競争していたのは、暇と退屈に耐えられなかっただけなのだ。

「競争せよ」。現代人の多くがその無言のプレッシャーに苦しみながら、正しいことをしたり間違ったことをしたりして一生を終える。

僕は競争を煽り、競争に煽られ走ってきた。資本主義の世界ではある程度は競争に勝たないと自分の人生を選べない。僕は成長も金儲けも否定しない。

でももう飽きているはずなのにいつまでも競争の奴隷になっている人も多いと思う。

編集者として当たり前に描いていた、出版界の真ん中で、社会的にも評価され、オピニオンリーダーのようになっていく。競争のレールから外れたことでそういう立派な未来はなくなった。

だけど、真っ当な道から一度落ちたことによって、より自分の言葉で自分の人生を生きていけるようになった。

僕は競争をし続けても幸せになるわけではないということを知った。

だから「脱成長」ではなく「脱競争」。

競い合いには乗らず、自分の道を作っていく。

かすり傷のまま
生きていく

おわりに

~~バカになって飛べ！~~

おわりに

編集者として１００年後も読み継がれる本を作りたい。

そういう想いが僕には、どういうわけだか一切ない。


それは僕自身の生き方においても同じだ。

いつまでも編集者として活躍していたいとか、出版業界をアップデートしたいとか、クリエイターが活躍できる社会を作りたいとか、一切ない。

「なんか今、もの凄い大きな音がしたけど、どっかで爆発でも起きたのか？」と思われるような、不確かで、何の意味もなく、解釈のしようがない存在でいいと思っている。そこに正義感や高尚な理念などない。時代のあだ花でいい。どっかで破滅して、なんか箕輪っていう編集者いたよねって言われているくらいがちょうどいい。


学生のときから、公園で昼間から缶チューハイを飲んでいるおじさんたちを見て、すこし羨ましいと思っていた。どちらかと言うと、破壊願望や破滅願望があって、安定してくると無性にその現状を壊したくなる。

こうして一冊の本を世に出した時点で、今までの僕は死んだも同然だと思っている。自分の経験やノウハウを語ったり、本にしたりした時点でもう、腐り始めている。

NewsPicks Bookが軌道に乗って、僕はヒットメーカーのようにちやほやされはじめ、会議で大していいアイデアではなくても「さすが箕輪さん」と言われ、多くの立派な著者から「箕輪さんに編集してほしい」と言われる。とても、ありがたいことだけれど、その時点で僕の腐敗は始まっている。居心地がいいということは挑戦していないということ。成長していないということだ。

NewsPicks Bookを始めたとき、このレーベルがこけたらどうしよう、『多動力』が売れなかったら終わりだ、と常にヒリヒリする危機感と戦っていた。しかし、今ではどこか落ち着いていて、切実に震えるように何かを願う気持ちはない。

軌道に乗るとはこういうことなのだと思う。ギャンブルのフェーズを超えてビジネスとして安定する。システマチックに回り始め、誰か一人の才能や熱狂に頼らずに進んでいく。上手くいくとはこういうことだ。悪いことではない。熱狂から持続のフェーズへ。さらに大きくスケールするうえで間違いのないプロセスだ。

しかし、僕自身は、落ちるか落ちないかギリギリの綱の上でこそ輝く人間だと思っている。動き続け、変わり続けないと飽きてしまう。僕が飽きていることは読者にはすぐにはバレないだろう。しかし、半年くらいのタイムラグがあって世間にもきっと伝わる。そうやって、多くのムーブメントが終わっていく。

だから、この本に書いてあることとは、この時点で決別し、僕はまったく新しいことを、またやり始めないといけない。

幻冬舎の若手編集者、NewsPicks Book編集長という最高に居心地の良い立場を変えなくてはいけないと思っている。違う時間軸で、今まではできなかった発想とスケールの仕事をして、その経験を幻冬舎とNewsPicksでの仕事にまた大きく戻したいと思っている。変わり続けることをやめた時点で、僕という人間に価値はない。

だから、活動の領域を変えていく。本は本のままでは意味がない。本の中で世の中を変えようと訴えるだけではなく、僕自身が手を動かして世の中を変えていく。

箕輪編集室には１３００人のメンバーがいる。地方にも世界にも散らばっている。箕輪マフィアが全国、全世界に２０００人、３０００人と増えていけば。世の中はもっと楽しく、もっと自由になっていくと思う。

この私塾を起点に世界を驚かせていく。そのためのアイデアは頭の中でもう爆発している。今、ここが最先端だ。

僕の編集する本は他のビジネス書とは違う。情報価値を重視していない。時代の爆発を捉え、今を生きる起業家のリアルなひとコマをカメラでおさえるかのように切り取り、ビタミン剤のように気合いを注入する。著者は変わっても大体パターンは決まっている。

なぜなら情報はどこにでもあるからだ。NewsPicksでもツイッターでも講演会でも、最先端の情報は、その意志さえあれば誰でも手に入る。日本を動かすような起業家と大学生に、得られる情報自体は大差がない。

大事なことは、行動するかどうかだ。それだけが道を分ける。

落合陽一も前田裕二も佐藤航陽も毎日誰よりも行動している。他の30代と持っている情報や知識が違うのではない。命を燃やしながら走っているのだ。

だから僕は、行動せよと読者の背中を押す。本はそのためのツールでしかない。

行動する人にとって今ほどチャンスの時代はない。

リスクをリスクと思わない。無謀な勝負に打って出る。偏愛にまかせて没入する。

打算やロジックから逸脱した型破りな人間に金も人も情報も集まってくる。

飲み会で正気な人はいつも損をする。あと片付けしたり、会計をしたり、人を送ったり。

この際、楽しく酔って騒ぎまくろう、歌いまくろう、踊りまくろう。そして、また翌日、しれっと反省して、ケロッとしてまた同じことを繰り返せばいいのだ。

この世は酔いがさめた人間、まともになった人間から脱落していく愉快なレースだ。世界に対してできることを考えながら自分らしく狂え。ありのままで楽しみながら、自分にしか生み出せない何かを作れ。

リスクなんて何一つない。失敗こそ最高のブランドだ。バカになって飛べ。

傷ついても、それをネタにして笑いながら、またそこから走り始めよう。

最後に、本書制作にあたり尽力いただいたマガジンハウス向笠公威さん、いつもブックライターをお願いしている荒井香織さん、カメラマン中川正子さん、装丁の鈴木成一さん。

オールスターメンバーで作っていただき感謝します。

そして、社長の見城さん。

「箕輪は道を踏み外しているところがいいんだよ」と言われたときに、こんなこと言える社長はいないと思いました。僕は見城徹によってできていると、本を書きながら改めて感じました。

これまで僕と仕事をしてくれたすべての書き手のみなさん、ありがとうございます。自分で本を書いてみて、初めて大変さが分かりました。今まで無茶を言ってすいませんでした。感謝しています。これからも一緒に走りましょう。

そして、僕の本を丁寧に並べてくださる全国の書店員さん、本当にありがとうございます。書店で自分の編集した本を見たときの嬉しさは何年たっても変わりません。これからも頑張って売れる本、ワクワクする本を作ります。本の未来はとても明るいと思っています。

最後の最後に、いつも僕の編集する本を読んでくださっている読者のみなさん、心からありがとうございます。息切れしないで走れるのはみなさんのおかげです。この本も、すべての読者のみなさんの力になれれば嬉しいです。

今この瞬間に、いっせのせで、意味がないと思いながらやっている仕事や、価値がないと感じながら作っているものを作ることをみんなでやめて、すべての人が自分が心から熱狂できることを始めたら、世の中はもっとイノベーティブでポジティブなものになると思う。

あなたがやりたくないことはあなたがやめても実は誰も困らないことだ。明日から何事もなかったかのように世界は続いていく。しかし、あなたが心の底からやりたい

> と願うことは、あなたにしかできない素晴らしいことだ。明日からの世界を変える可能性がある。
>
> リスクなんてない。すべての成功も失敗も、人生を彩るイベントだ。未来は明るい。バカになって飛べ！

次から次にうまくいく。本も売れるし発言もバズる。

根拠のない自信と若さゆえの体力。どこまででもかけ上がれると思っていた。

結果を出せばいいだろうと破滅に向かってダッシュしていた。

そして文春砲を喰らい、一心不乱に駆け上がっていた階段から落ちた。

もともと、表に出る人間としてはあり得ない生き方をしていて、いずれ何かでお茶の間から消えるのは必然だった。

仕事がなくなり、時間ができ、朝から酒を飲むことが増えた。アルコール依存症のような状況で身体もどんどん悪くなっていった。

反省して生き方を変えるどころか、より無軌道な生活に堕ちていく。そんな中で、もう一回あの階段を登るべきか考えていた。

確かに努力もしたけれど、自分の力だと信じていたものは、ほとんどが運で、時代や出会いに恵まれただけだと気がついた。

体力もすぐなくなるし、文春砲や痛風、世の中にはかすり傷ではすまないものがたくさんあることも知った。

生活していくためにはお金が必要だが人生の幸せは仕事の成功だけではない。

「成功が全てじゃない」とかいう言葉は仕事ができない人の言い訳だと思っていたが、いつまでも誰かが作った道で競争し続けても意味がないということがわかってきた。

今回の執筆では、かつての自分の主張を反対側から書いていくことで、当時の痛さや勘違いを見つめ直すことができた。僕はこれまで縦に成長し外に目を向けて生きてきたが、横に広がり内に向けて考える時間になった。

さらに先日、健康診断の結果が届いた。僕の４７７まで上がったガンマＧＴＰの値は大幅に改善され59まで下がった。肝機能の判定がＥ→Ａになったのだ。

どうせ早く死ぬだろうとその場しのぎで生きてきたが意外と長く生きるのかもしれない。

自分の人生を一冊の本を編集するように生きてみる。

編集者として困るのは目次を立てられないことだ。抑揚のない人生を送っていると目次となるエピソードや考え方を書くことができない。目次が足りないと薄っぺらくて一冊にならない。

僕はクソみたいな生き方をしているが目次だけは多い。

きっとこれからも、かすり傷を負い、そのたびに自分の過去の生き方に赤字を入れていくのだと思う。

かすり傷のまま生きていく。

この本が、みなさんの人生のどこかで大切なものになる時があれば嬉しいです。

カバー写真　中川正子
ブックデザイン　鈴木成一デザイン室
取材・構成　荒井香織

書籍購入者限定LINEグループへの
参加パスワードは
kasukai

この作品は二〇一八年八月に
マガジンハウスより刊行された
『死ぬこと以外かすり傷』に
書き下ろしを加えて再構成したものです。

JASRAC 出 2306420-301

箕輪厚介　みのわ・こうすけ

幻冬舎編集者　早稲田大学卒業後、双葉社に入社。『ネオヒルズ・ジャパン』を創刊し完売。『たった一人の熱狂』(見城徹)、『逆転の仕事論』(堀江貴文)などの編集を手がける。幻冬舎に入社後は、新たな書籍レーベル「NewsPicks Book」を立ち上げ、編集長に就任。『多動力』(堀江貴文)、『日本再興戦略』(落合陽一)のほか、二〇一九年に一番売れたビジネス書『メモの魔力』(前田裕二)など次々とベストセラーを出す。自著『死ぬこと以外かすり傷』は14万部を突破。雑誌『サウナランド』は二〇二一年のSaunner of the Yearを受賞。二〇二二年『死なばもろとも』(ガーシー)を出版。

かすり傷も痛かった

二〇二三年九月十五日　第一刷発行
二〇二三年九月二十日　第二刷発行

著者　箕輪厚介
発行人　見城徹
編集者　木内旭洋
発行所　株式会社　幻冬舎
〒一五一―〇〇五一　東京都渋谷区千駄ヶ谷四―九―七
電話　〇三(五四一一)六二一一〈編集〉
〇三(五四一一)六二二二〈営業〉
公式HP https://www.gentosha.co.jp/

GENTOSHA

印刷・製本所　中央精版印刷株式会社

Printed in Japan　ISBN978-4-344-04167-7 C0030

この本に関するご意見・ご感想は、下記アンケートフォームからお寄せください。
https://www.gentosha.co.jp/e/